영어대조
독일어 회화

■ **박진권**

한국 외국어대학교 및 동대학원 졸업후
독일 보쿰 대학교에서 독문학 박사학위를 취득하였고
현재 한국 외국어대학교와 천안대학교에 출강하고 있다.

영어대조 독일어 회화

초판 6쇄 인쇄 · 2015년 2월 1일
초판 6쇄 발행 · 2015년 2월 5일
저 자 · 박진권
발행인 · 서덕일
발행처 · 도서출판 문예림
출판등록 · 1962년 7월 12일 제 2-110호
주소 · 서울시 광진구 능동로 29길 6 문예하우스 101호
전화 · (02) 499-1281~2   팩스 · (02) 499-1283
http://www.bookmoon.co.kr
Email:info@bookmoon.co.kr
ISBN 89-7482-141-9 12750

· 잘못된 책은 구입하신 서점에서 교환하여 드립니다.
· 저자와의 협의에 의해 인지는 생략합니다.

영어대조
독일어 회화

머리말

지금은 실생활에서 많은 외국어를 사용하고 있다. 그 중에서 독일어는 문학, 철학, 신학, 음악, 미술, 전자공학, 건축학, 도시공학, 경제학, 역사, 연극학 등등의 학문분야에서 뿐만 아니라, 실제로 현지에 업무차 머물거나 여행을 하는 중에 요청되는 언어이다.

이 책은 유학을 가서 처음에 생활할 때나 단기간 독일어권에 여행할 때 유용하게 쓸 수 있도록 엮은 것이다. 특히 각 상황은 가장 필요한 표현을 중심으로 구성되었으므로 이 책을 이용하는 사람이 그러한 상황에 해당하는 항목을 찾아 필요한 의사소통 표현을 참고할 수 있도록 했다.

영어학습이 외국어 지식의 대부분 되어 있는 학습자들을 위해 영어 표현을 우리말과 동시에 수록해서 독일어 표현을 이해하는데 도움이 되도록 했다. 이 책에서 독일어 밑에 우리말로 발음을 달은 이유는 필요한 상황의 표현을 즉시 구사하도록 하기 위해서 그런 것이지, 독일어 발음이 절대적으로 표기된 것처럼 발음되지 않는 경우도 있음을 밝혀둔다. 이러한 이유 때문에 독일인이 녹음한 테이프를 함께 합본하였다. 책 내용의 처음 부분에 발음구조를 정리하였고 전체적으로는 기본편과 활용편으로 구분하였다.

이 책에 들어있는 표현이 충분한 것은 아지만 독일어권을 여행하는 사람들이나 의사소통을 염두에 두고 독일어를 공부하는 사람들에게 긴요하게 사용되기를 바란다. 앞으로 각 분야별로 쓰이는 독일어표현을 더욱 풍부하게 수록한 책자를 만들고자 한다.

어려운 중에도 영어대조 독일어회화책을 발간하신 도서출판 문예림의 서덕일 사장님께 깊은 감사를 드린다.

2001년 가을
지은이

차 례

- 머리말

Teil 1　발음편

- 독일어 알파벳과 발음 ……………… 10

Teil 2　기본편

1. 인사말 ……………………………… 20
2. 감사 ………………………………… 34
3. 사과 ………………………………… 37
4. 소개 ………………………………… 41
5. 개인의 신상 ………………………… 45
6. 주의를 끌기 ………………………… 59
7. 말을 걸기 …………………………… 62
8. 유감 ………………………………… 70
9. 축하 ………………………………… 72
10. 외국어 구사능력 …………………… 82
11. 상대방의 말을 이해하지 못할 때 … 84
12. 칭찬 ………………………………… 87
13. 질문 형식 …………………………… 90
14. 예/아니오 …………………………… 94

15. 긍정・동의	99
16. 반대・거절	104
17. 의견・생각	108
18. 추측・가정	111
19. 선호・취향	115
20. 정보・지식	119

Teil 3 활용편

1. 기내에서	124
2. 공항에서	127
3. 교통수단	135
4. 숙박	149
5. 식사	161
6. 초대	172
7. 길묻기	175
8. 시내관광	182
9. 렌터카	187
10. 물건사기	191
11. 은행	211
12. 우체국	220
13. 전화	224
14. 의원에서	229
15. 자동차	237
16. 세탁소	243
17. 이발소・미용실	245

Teil 1

독일어 알파벳과 발음

1. 독일어 알파벳

대문자	소문자	발음	한글음
A	a	[a:]	아-
B	b	[be:]	베-
C	c	[tse:]	체-
D	d	[de:]	데-
E	e	[e:]	에-
F	f	[ɛf]	애프
G	g	[ge:]	게-
H	h	[ha:]	하-
I	i	[i:]	이-
J	j	[jɔt]	요트
K	k	[ka:]	카-
L	l	[ɛl]	앨
M	m	[ɛm]	앰
N	n	[ɛn]	앤
O	o	[o:]	오-
P	p	[pe:]	페-
Q	q	[ku:]	쿠-
R	r	[ɛr]	애르
S	s	[ɛs]	애스
T	t	[te:]	테-
U	u	[u:]	우-
V	v	[fau]	파우
W	w	[ve:]	베-
X	x	[ɪks]	익스
Y	y	[Ypsilɔn]	윕실론
Z	z	[tsɛt]	채트
	ß	[ɛs-tsɛt]	애스 채트
Ä	ä	[a:umlaut]	아-움라우트
Ö	ö	[o:umlaut]	오-움라우트
Ü	ü	[u:umlaut]	우-움라우트

2. 발음

독일어의 발음은 글자 그대로 읽는 경우가 많으나 마찰음과 파찰음의 발음, 단모음과 장모음 그리고 입술을 여는 정도에 대해서도 잘 알아두어야 독일어 표현에 정확성을 기할 수 있다. 또한 우리말로는 모음이 둘인데 독일어로는 모음이 한 음절인 경우도 많기 때문에(예; Radio 라-디오/<io>는 여기서 하나의 음절이다) 다음을 참고하여 발음을 잘 익혀두도록 한다.

2.1. 모음

2.1.1 단순모음

a		e			i	
[a:]	[a]	[e:]	[ɛ]	[ə]	[i:]	[i]
Tag	danke	er	England	haben	wir	ist
타-ㄱ	당캐	에-어	앵글란트	하-밴	비-어	이스트
Zahl	hallo	geht	denn	Mantel	ihr	bitte
차-ㄹ	할로	게-트	댄	만탤	이-어	빗태
Staat	ganz	Tee	setzen	Name	sie	ich
쉬타-트	간츠	테-	재트챈	나-매	지	이히

o		u	
[o:]	[ɔ]	[u:]	[u]
Rom	kommen	gut	und
로-ㅁ	콤맨	구-ㅌ	운트
Zoo	Moskau	Schuh	null
초-	모스카우	슈-	눌
ohne	Osten	Blume	Mutter
오-내	오스탠	브루-매	뭇터

<주의1> 모음 e의 경우 도표에서 처럼 장모음은 [e:]이고 단모음은 [ɛ]로 표시한다. 단어 끝에 오는 발음 [ə]는 아주 짧게 한다: gehen 게-언, haben 하-벤, Mantel 만텔, Name 나-메/나-머

<주의2> 모음 다음에 자음이 겹쳐 나오면 모음은 짧게 발음된다. 그러나 <모음+h>의 경우 장모음이 된다: Jahr야-, zahlen차-ㄹ랜, Zahlung차-ㄹ룽 gehen의 경우도 h는 묵음이 되어 길게 발음된다. 이 때 [h]발음이 안 된다.

모음 + h

ah	[a:]	Bahn	바-ㄴ	Jahre	야-래
äh	[ɛ:]	Hähne	해-내	Zähne	채-내
eh	[e:]	gehen	게-언	zehn	채-ㄴ
ih	[I:]	ihm	이-ㄴ	ihr	이-어
oh	[o:]	Kohl	코-ㄹ	Ohr	오-어
öh	[o:]	Söhne	죄-내		
uh	[u:]	Uhr	우-어	Ruhe	루-어
üh	[y:]	Bühne	뷔-내	kühl	퀴-ㄹ

2.1.2 이중모음

ä		ö		ü		y	
[ɛ:]	[ɛ]	[ɸ:]	[oe]	[y:]	[y]	[y:]	[y]
Däne	Städte	Öl	Köln	Süd	Müller	Syrien	Ägypten
대-내	슈탯태	외-ㄹ	쾌르른	쥐-트	뮐러	쥐-리앤	애깁탠
zählen	Mädchen	schön	öffnen	für	dünn		ypsilon
채-ㄹ랜	매챈	쇠-ㄴ	왜프낸	퓌-어	된		윕실론
spät			können				
슈패-트			쾌넨				

au	eu	äu	ai	ay	ei	ey
[au]	[ɔy]		[ai]			
*au*s 아우스 *Au*to 아우토 *B*au 바우 *l*au*t* 라우트	*Eu*ropa 오이로파 *heu*te 호이태	*Bäu*me 보이매 *Häu*ser 호이저	*M*ai 마이	*B*ay*ern* 바이어른 *H*ay*dn* 하이든	*n*ei*n* 나인 *Rh*ei*n* 라인	*c*ey*lon* 차일론

<주의1> 이중모음, 혼히 겹모음의 발음[au], [ɔy] 및 [ai]는 두 음절이 아니라 한 음절이다.

<주의2> 이중모음 중 eu는 도표의 [ɔy]이외에 [e:u]와 [ɸ:] 발음이 있다:
  [ɔy] Amadeus 아마데-우스 [e:u] Museum 무-제움
  [ɸ:] Friseur 프리죄-어, Ingenieur 인제니외-어

"모음겹칩"도 아래와 같이 역시 한 음절이다

-ie		-io	oe	ou	
[i:]	[iə]	[io]	[ɸ:]	[au]	[u]
Batt*erie* 바태리- *L*ie*be* 리-매 *Th*eo*rie* 테오리	*B*el*gien* 밸기언 *Ital*ien 이탈리언 *Fam*ilie 파미-르리어	*R*adio 라-디오	*G*oe*the* 괴-태	*C*ou*ch* 카우치	*T*ou*rist* 투리스트 *R*ou*ge* 루-즈

이러한 모음들은 익혀두도록 하고 사전을 찾을 때 발음 기호에 주의하는 습관을 들이도록 한다.

2.2 자음

여기서는 자음을 파열음 ([b][p] [d][t] [g][k]), 마찰음 ([v][f] [s][z] [ʒ][ʃ] [j][ç][x][h]), 파찰음 ([pf][ts][tʃ][dʒ]), 비음 및 유음 ([m][n][l][r][ŋ])으로 자음을 구별하지 않고 아래의 순서로 구분하였다.

2.2.1 단순자음

f	h	j	k	l	m
[f]	[h]	[j]	[k]	[l]	[m]
Film	haben	Jahr	Kamera	lang	Morgen
필름	하-밴	야-(르)	카-메라	랑	모르갠
Foto	Haus	Japan	Kaffee	Land	Mutter
포-토	하우스	야-판	카페-	란트	무터
Freund	Hof	Joghurt	Korea	Ball	kommen
프로인트	호-프	요-구르트	코레-아	발	콤맨
Affe	hoffen			Hallo	dumm
아패	호팬			할로	둠

n	w	x	z
[n]	[v]	[ks]	[ts]
Name	Wagen	Taxi	zahlen
나-매	바-갠	탁시-	차-ㄹ랜
nehmen	wir	Text	Zeit
네-맨	비-어	텍스트	차이트
modern	wohnen	Maximum	Zimmer
모대른	보-낸	막시뭄	침머
rennen			Mozart
랜낸			모-차르트

<주의1> j의 발음은 [jɔt/요ㅌ]로서 [j]는 [요-]구르트, [야-]판 같이 우리말

<이응>발음이다.

<주의2> h 앞에 모음이 있는 경우 묵음이다: [장모음]

froh 프로-, nah 나-, Bahn 바-ㄴ, Hahn 하-ㄴ, Jahr 야-르, Uhr 우-어, ihm 이-ㅁ

2.2.2 주의할 자음의 발음

b		c		d	
[b]	[p]	[k]	[ts]	[d]	[t]
Bonn	**gelb**	**Café**	**circa**	**danke**	**bald**
본	갤프	카페-	치르카	당캐	발트
Berlin	**halb**	**Club**	**Cäsar**	**denn**	**Land**
배를리-ㄴ	할프	클루프	캐사르	댄	란트
aber	**abfahren**			**oder**	**und**
아-버	압파-랜			오-더	운트
sieben	**Herbst**			**wieder**	**Rad**
지-븐	해롭스트			비-더	라-트

g			
[t]	[k]	[ç]	[ʒ]
gut	**Tag**	**wenig**	**Genie**
구-트	타-ㄱ	베-니히	제니-
Geld	**sagt**	**billig**	**Garage**
갤트	작트	빌리히	가라-재
Tage		**richtig**	
타-개		리히티히	
liegen			
리-갠			

<주의1> halb - halbe bald - baldige Tag - Tage billig - billige 같은 경우 왼쪽의 자음이 [p], [t], [k], [ç]이지만 모음이 추가되면 원래의 발음으로 돌아간다.

위의 단순자음< c >에서 <Cello 첼로>는 예외로서 [tʃ]이다.

r			s		t	
[r]	[g]	[a]	[z]	[s]	[t]	[ts]
rechts	dort	hier	Sie	Haus	Tee	Nation
래히츠	도르트	히어	지-	하우스	테-	나치오-ㄴ
rot	hart	nur	sagen	Moskau	Peter	Station
로-트	하르트	누어	자-갠	모스카우	페-터	슈타치오-ㄴ
drei	lernen	Tür	lesen	Fuß	kommt	
드라이	래르낸	뒤-어	레-잰	푸-ㅅ스	콤트	
Reise		Uhr	Sofa	Kuss		
라이재		우-어	조-파	쿳스		
Zigarre		wir				
치가-래		비어				

v	
[v]	[f]
Visum	Vater
비-줌	파-터
privat	viel
프리바-트	피-ㄹ
Universität	verstehen
우니버지태-트	패어슈테-ㄴ
	intensiv
	인탠시프

<주의1> <r>의 경우 <-er>은 [ɐ]발음이다. [ʁ]가 아니다.

Butter 붓터, Lehrer 레-러, Mutter 뭇터, Zimmer 침머, hier 히어, der 데어, Bier 비어

<주의2> 새로운 철자법에 따라 ß는 앞의 모음이 단모음일 때 ss로 쓴다.

Kuß →Kuss Fluß→Fluss ißt→isst daß→ dass muß→muss

그러나 장모음 Fuß heißen schließen 등은 장모음 뒤이므로 <ß>로 한다.

<주의3>: <v>는 마찰음이다. 웃니를 아랫 입술 위에 대고 밖으로 밀어내듯이 발음한다.

ch				ck
[ç]	[x]	[ʃ]	[k]	[k]
ich 이히	**Bach** 바흐	**Chef** 새프	**Charakter** 카락터	**dick** 딕
rechts 래히츠	**Buch** 부-흐	**Chance** 샹새	**Chaos** 카오-스	**Scheck** 섹
Bücher 뷔-허	**auch** 아욱흐		**Fuchs** 푹스	**zurück** 추뤽
China 히-나	**nach** 나-ㄱ흐		**sechs** 젝스	
München 뮌헤ㄴ	**acht** 악흐트			

ds	dt
[ts]	[t]
abends 아벤츠	**Humboldt** 훔볼트
Landsmann 란츠만	**Stadt** 슈타트

ng	pf	ph	qu	sp	
[ŋ]	[pf]	[f]	[kw]	[ʃp]	[sp]
Ding 딩	**Apfel** 압펠	**Alphabet** 알파베-트	**bequem** 베크베-ㅁ	**Spanien** 슈파-니앤	**Kaspar** 카스파-
England 앵글란트	**Kopf** 코프	**Physik** 피직	**Quadrat** 크바드라-트	**Sport** 슈포-츠	**Wespe** 배스퍼
fangen 팡앤	**Pfennig** 패니히	**Philosophie** 필로조피-	**Qualität** 크발리태-트	**Spiel** 슈피-ㄹ	

sch	st		th	ts
[ʃ]	[ʃt]	[st]	[t]	[ts]
schön	Stadt	Semester	Theater	nachts
쇠-ㄴ	슈타트	재매스터	테아-터	낙호츠
Tasche	Student	Fenster	Thema	nichts
탓새	슈투댄트	팬스터	테-마	닛히츠
Tisch	verstehen	Post	Thomas	Rätsel
티쉬	패어슈테-ㄴ	포스트	토-마스	래챌

tsch	tz
[tʃ]	[ts]
Deutsch	jetzt
도이취	애츠트
Quatsch	Heizung
크바취	하이충
tschüs	Platz
췻스	플랏츠

Teil 2

기본편

1 인사말

1. 만날 때

안녕하세요. [아침인사]
Good mornig!

Guten Morgen!
구-탠 모르갠

마이어 씨 안녕하세요?
Good morning, Mr. Meyer.

Schönen guten Morgen, Herr Meyer!
쇠-낸   구-탠   모르갠
해어 마이어

안녕하세요. [낮인사]
Good afternoon!

Guten Tag!
구-탠 타-ㅋ

안녕하세요. [저녁인사]
Good evening!

Guten Abend!
구-탠 아-밴트

안녕하세요.
Good night!

Gute Nacht!
구-태 나흐트

안녕하세요.
A very good morning to you!

Schönen guten Morgen!
쇠-낸   구-탠   모르갠

안녕하세요.
Hello!

Grüß Gott!
그뤼-스 곹

안녕하세요.
Hello!

안녕하세요.
Hello!

안녕하세요.
Hello!

안녕하세요.
Say hello!

슈타르크바움씨 안녕하세요.
Say hello, Mr. Starkbaum!

Seien Sie gegrüßt!
아이언 지- 개그뤼-스트

Hallo !
할로

Servus!
새르부스

Ich grüße Sie.
이히 그뤼-새 지-

Ich grüße Sie, Herr Starkbaum.
이히 그뤼-새 지- 해어 슈타르크바움

인사말

2. 어서 오십시오

어서 오십시오.
A warm welcome to you.

어서 오십시오.
Welcome!

어서 들어오십시오.
Please do come in!

어서 들어와.
Do come in!

이리 오십시오.
Come here!

들어와요.
Come in.

Seien Sie herzlich willkommen.
자이언   지- 해르츨리히 빌콤맨

Herzlich willkommen.
해르츨리히   빌콤맨

Kommen Sie herein!
콤맨   지- 해라인

Komm herein!
콤   해라인

Kommen Sie hierher!
콤맨   지- 히-어해어

Herein!
해라인

어서 들어오십시오.
Please come in!

Sie können ruhig reinkommen.
지- 쾬낸 루-이히 라인콤맨

앉으시지요.
Have a seat, please!

Setzen Sie sich bitte!
잿챈 지- 지히 빗태

앉으십시오.
Seat down please.

Bitte nehmen Sie doch Platz!
빗태 네-맨 지- 독흐 플라츠

앉으시지 않겠습니까?
Wouldn't you like to sit down?

Wollen Sie sich nicht setzen?
볼랜 지- 지히 니히트 잿챈

집이라 생각하고 편히 여기세요.
Please make yourself at home!

Fühlen Sie sich wie zu Hause!
퓌-ㄹ랜 지- 지히 비-추 하우재

편하게 여기십시오.
Make yourelf comfortable.

Machen Sie sich bequem!
막핸 지- 지히 배크벰

3. 안부를 물을 때

어떻게 지내십니까?
How are you?

Wie geht es Ihnen?
비- 게-ㅌ 애스 이-낸

어떻게 지내니?
How are you?

Wie geht's dir?
비- 게-츠 디어

어떻게 지내니/십니까?
How are you?

Wie geht's?
비- 게-츠

당신의 가족은 어떻게 지내나요?
How is your family?

Wie geht's Ihrer Familie?
비- 게-츠 이-어러 파밀리어

댁은 무고하십니까?
How is your family?

Wie geht's zu Hause?
비- 게-츠 추 하우재

부인께서는 어떻게 지내십니까?
How is your wife?

Wie geht es Ihrer Frau?
비- 게-ㅌ 애스 이-어러 프라우

남편께서는 안녕하십니까?
How is your husband?

Wie geht es Ihrem Mann?
비- 게-ㅌ 애스 이-어러 만

남편께서는 안녕하십니까?
How is your husband?

Wie geht es Ihrem Gatten?
비- 게-ㅌ 애스 이-어램 같튼

요즘 사업은 어떻습니까?
How is your business?

Wie läuft das Geschäft?
비- 로이프트 다스 개새프트

사업은 어떻습니까?/잘 됩니까?
How is your business?

Was machen die Geschäfte?
밧스 막핸 디 개새프태

아이들은 잘 있어요?
How are the children?

Was machen die Kinder?
밧스 막핸 디- 킨더

잉그리트는 잘 지내요?
How is Ingrid?

Wie geht es Ingrid?
비- 게-ㅌ 애스 잉그리트

인사말

4. 인사 받고 대답할 때

고맙습니다. 잘 지냅니다.
Fine, thank you.

Danke. Es geht mir gut.
당캐   애스 게-ㅌ 미어 구-ㅌ

우리는 아주 잘 지내요.
We are extremely well.

Es geht uns bestens.
애스 게-ㅌ 운스   배스탠스

고마워(요), 잘 지내(요).
Thanks, I'm O.K.

Danke, gut.
당캐   구-ㅌ

고마워(요), 잘 지내(요).
Thanks, I'm well.

Danke, es geht.
당캐   애스 게-ㅌ

아주 좋아요, 고맙습니다.
Very well, thanks.

Ganz(/Sehr) gut, danke!
간츠 (/제어)   구-ㅌ 당캐

고마워(요), 저는 잘 지내(요).
Thank you, I'm very well.

Danke schön, mir geht es gut.
당캐 쇠-ㄴ 미어 게-ㅌ 애스 구-ㅌ

저는 잘 지냅니다. 당신은요?
I'm very well, And you?

Mir geht es gut. Und Ihnen?
미어 게-ㅌ 애스 구-ㅌ 운트 이-낸

저는 아주 잘 지내고 있습니다.
I'm very well.

Es geht mir sehr gut.
애스 게-ㅌ 미어 제어 구-ㅌ

예, 잘 지내고 있습니다.
Yes, I'm well.

Na ja, es geht!
나 야 애스 게-ㅌ

우리 식구들은 모두 건강히 잘 지내요.
All my family is in good health.

Alle sind bei uns zu Hause gesund.
알래   진트   바이 운스 추
하우재   개준-ㅌ

난 별일 없어.

Es geht mir nicht schlecht.

I'm not bad.

별일 없어요.
No, nothing special.

고마워. 그리 나쁘지는 않아.
Thanks, not so bad.

그리 나쁘지는 않습니다.
Thanks, I'm well somewhat.

저는 잘 지내지 못합니다.
I'm not very well.

아주 안 좋습니다.
I'm not very well.

아니, 안 좋아요.
No, I'm not good.

애스 게-ㅌ 미어 니히트 슐래히트

Nicht besonders.
니히트 배존더스

Danke, einigermaßen.
당케   아이니거마-쌘

Einigermaßen!
아이니거마-쌘

Es geht (mir) nicht so gut.
애스 게-ㅌ (미어)   니히트 조 구-ㅌ

Es geht gar nicht gut.
애스 게-ㅌ 가-   니히트 구-ㅌ

Nein, mir geht es schlecht.
나인   미어 게-ㅌ 애스 슐래히트

5. 헤어질 때의 인사

(저는) 가봐야겠습니다.
I must go.

가봐야겠습니다.
I must leave here.

가봐야겠습니다.
I have to leave.

가봐야겠습니다.
I have to leave.

Ich muss gehen.
이히 무스   게언

Ich muss weggehen.
이히 무스   백게-언

Ich muss abreisen.
이히 무스   앞라이젠

Ich muss los.
이히 무스   로-스

인사말

이제 집으로 가야합니다.
I must go home now.

Jetzt muss ich nach Hause gehen!
애츠트 못스 이히 나-ㄱ흐 하우재 게-언

작별을 고해도 될까요?
May I say goodbye?

Darf ich mich verabschieden?
다르프 이히 미히 패어랍쉬-댄

저는 그럼 작별인사를 해야겠습니다.
I'll say goodbye, then.

Ich darf mich verabschieden.
이히 다르프 미히 패어랍쉬-댄

이제 우리가 가야할 시간입니다.
It is time for us to go.

Es wird Zeit für uns.
애스 비르트 차이트 퓌어 운스

저희 집에 다시 또 오십시오.
See you again at our house.

Lassen Sie sich mal wieder bei uns sehen!
랏샌 지- 지히 마-ㄹ 비-더 바이 운스 제-언

나의 집에 다시 또 와.
See you again at my house.

Lass dich mal wieder bei mir sehen!
랏스 디히 마-ㄹ 비-더 바이 미어 제-언

안녕히 가세요.
Please go your home well.

Kommen Sie gut nach Hause!
콤맨 지- 구-ㅌ 나-ㄱ흐 하우재

잘 가.
Go your home well.

Komm gut nach Hause!
콤 구-ㅌ 나-ㄱ흐 하우재

조심해서 운전하세요.
Please drive careful.

Fahren Sie vorsichtig!
파랜 지- 포-어지히티히

조심해서 운전해.
Please drive careful.

Fahr vorsichtig!
파- 포-어지히티히

그에게 제 안부 좀 전해 주십시오!

Grüßen Sie ihn bitte von mir!

Please give him my regards!   그뤼-ㅅ샌 지- 이-ㄴ 비태 폰 미어

6. 안부 전해 주세요

어머니께 안부 좀 전해주십시오!
Please give your mother my regards!

Grüßen Sie bitte Ihre Mutter von mir!
그뤼-ㅅ샌 지- 비태 이-어래 뭇터 폰 미어

부인 안부 좀 전해주십시오!
Please say hello to your wife!

Grüßen Sie Ihre Frau von mir!
그뤼-ㅅ샌 지- 이-어래 프라우 폰 미어

댁에 안부 좀 전해주십시오!
Please give your family my regards!

Grüßen Sie bitte zu Hause!
그뤼-ㅅ샌 지- 비태 추 하우재

너의 부모님께 내 대신 인사드려!
Please give your parents my regards!

Grüß deine Eltern (von mir)!
그뤼-ㅅ스 다이내 앨터른 (폰 미어)

너의 부모님께 안부 좀 전해드려.
Give your parents my best wishes!

Einen schönen Gruß an deine Eltern!
아이낸 쇠-낸 그루-스 안 다이내 앨터른

그(분)에게 인사 좀 전해 주세요.
Tell him please my regards!

Richten Sie ihm bitte meine Grüße aus!
리히탠 지- 이-임 비태 마이내 그뤼-ㅅ새 아우스

그녀에게 (저의) 인사 좀 전해 주세요.
Please convey my best wishes

Richten Sie ihr meine besten Wünsche aus!
리히탠 지- 이-어 마이내

인사말

그에게 제 인사를 여쭈어 주세요.
Give him my best wishes!

Sag ihm einen schönen Gruß von mir!
자-ㄱ 이-임 아이낸 쇠-낸 그루-스 폰 미어

당신의 남편에게 안부 좀 전해 주세요.
Kind regards to your husband..

Viele Grüße an Ihren Mann!
피-래 그뤼-ㅅ새 안 이어랜 만

로만 씨께 제 안부 좀 여쭈어 주세요.
Give Mr. Lohmann my best regards!

Grüßen Sie Herrn Lohmann von mir!
그뤼-샌 지- 해른 로-만 폰 미어

그에게 제 안부 좀 전해 주십시오.
Please tell him my kind regards.

Machen Sie ihm bitte meine Empfehlung!
막핸 지- 이-임 비태 마이내 앰페-ㄹ룽

당신의 사장님께 안부 좀 전해주십시오.
Kind regards to your boss.

Meine Empfehlungen an Ihren Chef!
마이내 앰페-ㄹ룽 안 이어랜 섀프

당신의 부인께 안부 좀 여쭈어 주십시오.
Please convey my regards to your wife.

Bitte empfehlen Sie mich Ihrer Frau!
비태 앰페-ㄹ랜 지- 미히 이어러 프라우

■ 안부전하랍니다

캠퍼 씨가 당신께 안부를 여쭈셨습니다.
Mr. Kemper says to send you his best wishes.

Ich soll Ihnen von Herrn Kemper dei besten Grüße ausrichten.
이히 졸 이-낸 폰 해른 캠퍼 디 배쉬탠 그뤼-새 아우스리히탠

그녀가 당신에게 안부를 전하시더군요.
She sends you her best regards.

Sie lässt Sie schön grüßen.
지- 래스트 지- 쇠-ㄴ 그뤼-ㅅ샌

7. 안부를 전해드리겠습니다

알았어.
O.K.

알았어/알겠습니다.
Yes. I agree.

그러지요.
Yes, I will.

그래요, 그에게 전해줄게요.
Yes, sure. I will convey your regards to him.

물론 그렇게 하겠습니다.
Yes, of course. I will.

예, 물론 그렇게 하겠습니다.
Yes, of course. I will.

예, 그렇게 하겠습니다.
Yes, I will do certainly that.

예, 그렇게 하겠습니다.
Yes, I will do (certainly that.)

그럴게요.
Certainly, I will.

그럼요.
Certainly, I will.

예, 틀림없이 그렇게 하겠습니다.
I most certainly will.

O.K.
오캐이

Einverstanden.
아인패어슈탄댄

Ja.
야

Ja, gern. Ich will es ihm ausrichten.
야 개른 이히 빌 애스 이-임 아우스리히탠

Ja, natürlich.
야 나튀-얼리히

Ja, selbstverständlich.
야 잴프스트패어슈탠틀리히

Ja, das mache ich gern.
야 다스 막허 이히 개른

Ja, mache ich.
야 막허 이히

Auf jeden Fall.
아우프 예-댄 팔

Bestimmt.
배슈팀트

Ja, ganz sicher.
야 간츠 지혀

인사말

물론입니다.
Of course.

알았어.
Certainly.

문제없어요.
No problem.

그럼요 물론이지요.
Sure.

그럼요 그렇고 말고요.
Sure, of course

그럼요 그러고 말고요.
Gradly.

감사합니다. 그렇게 하겠습니다.
Thank you very much, I will.

그에게 당신의 안부를 전하겠습니다.
I'll tell certainly him your regards.

기꺼이 전하겠습니다.
I'll do certainly that.

Selbstverständlich.
젤프스트패어슈탠틀리히

Alles klar.
알래스 클라

Kein Problem.
카인 프로블램

Na klar.
나- 클라

Aber sicher.
아-버 짓혀

Ja, gerne.
야 개르내

Danke sehr, ja!
당캐 제어 야

Ich werde ihm bestimmt Ihren Gruß ausrichten.
이히 배르대 이-임 배슈팀트
이어랜 그루-스 아우스리히탠

Ich werde es gerne ausrichten.
이히 배르대 애스 개르내 아우스리히탠

도시변두리의 어느주택지대에 있는 숲

8. 또 만납시다

다시 또 만납시다.
See you again!

다음에 봅시다.
See you next time!

나중에 봅시다.
See you later!

내일 또 봅시다.
See you tomorrow!

다음 주에 만나요.
See you next week!

열두 시에 만나요.
See you at 12 o'clock.

토요일에 만납시다.
See you on Saturday.

나중에 만나요.
See you later!

곧 만납시다.
See you soon!

그때까지 안녕.
Up to there!

Treffen wir uns wieder.
트래팬   비어   운스 비-더

Sehen wir uns das nächste Mal!
제-언   비어   운스 다스 낵스태
마-ㄹ

Sehen wir uns später!
제-언   비어   운스 슈패-터

Sehen wir uns morgen noch!
제-언   비어   운스 모르갠   녹흐

Sehen wir uns nächste Woche!
제-언   비어   운스   낵스태 복해

Sehen wir uns um 12 Uhr!
제-언   비어   운스 움 츠뷜프 우-어

Treffen wir uns am Samstag!
트래팬   비어   운스   암
잠스타-ㄱ

Auf bald!
아우프 발트

Bis bald!
비스 발트

Bis dahin!
비스 다힌

또 만납시다.
See you again in a moment!

곧 만납시다.
See you soon!

그래 조금 있다가 봅시다.
O.K. See you in a minute(/later)!

다음에 만나요.
See you later!

내일 봅시다.
See you tomorrow!

조금 후에 만나요.
See you later!

다음 달에 만나자.
See you next month!

Bis dann!
비스 단

Bis demnächst!
비스 뎀낵스트

O.K. Bis gleich!
오캐이 비스 글라이히

Bis nachher!
비스 나-ㄱ흐해어

Bis morgen!
비스 모르갠

Bis später!
비스 슈패-터

Bis nächsten Monat!
비스 낵스탠   모-나트

9. 안녕히 가세요

안녕.
Good bye!
[청소년/대학생들의 인사말]

안녕.
Bye!/See you!
[청소년/대학생들의 인사말]

안녕./잘 있어./잘 가.
Good bye!/So long!

안녕히 가세요.
Good bye!

Ciao!
차우

Tschau!
차우

Tschüß!
취스

Auf Wiedersehen!
아우프 비-더제-언

안녕히 가세요./계세요.
See you again!

안녕히 계십시오.
Goodbye.

안녕히 계십시오.
[전화 상으로 말할 때]
Goodbye.

안녕히 가십시오.
Hope you have a good way home.

안녕히 가십시오.
Have a safe way home.

다시 또 오십시오.
Call in again sometimes!

우리 집에 다시 또 오십시오.
Come and see us again sometimes!

Wiedersehen
비-더제-언

Wiederschauen!
비-더샤우언

Wiederhören.
비-더회-랜

Gute Heimfahrt!
구-태   하-임파-르트

Kommen Sie gut nach Hause!
콤맨   지-   구-ㅌ 나-ㄱ흐 하우재

Kommen Sie doch mal wieder vorbei!
콤맨   지- 독흐   마-ㄹ
비-더   포-어바이

Lassen Sie sich mal wieder bei uns sehen!
랏샌   지-   지히   마-ㄹ
비-더   바이 운스 제-ㄴ

인사말

거리의 약사들

2 감사

1. 감사

대단히 감사합니다.
Thank you very much.

Danke sehr.
당캐 제어

대단히 감사합니다.
Thank you very much.

Danke schön.
당캐 쇠-ㄴ

고맙습니다.
Thank you.

Ich bedanke mich.
이히 배당캐 미히

대단히 감사합니다.
Much obliged.

Besten Dank.
배스탠 당크

대단히 감사합니다.
Many thanks.

Herzlichen Dank.
해르츨리핸 당크

대단히 감사합니다.
Thank you very much.

Schönen Dank!
쇠-낸 당크

대단히 감사합니다.
Thank you very much.

Vielen Dank!
피-ㄹ랜 당크

대단히 감사합니다.
Many thanks!

Haben Sie vielen Dank!
하밴 지- 피-ㄹ랜 당크

대단히 감사합니다.
Many thanks!

대단히 감사합니다.
Thank you very much.

대단히 감사합니다.
I thank you most cordially.

감사합니다.
Thank you.

도와주셔서 감사합니다.
I thank you for your help.

초대해주어서 감사합니다.
Thank you very much for the invitation.

대단히 감사합니다.
I'm very grateful to you.

전화해 주셔서 감사합니다.
Thank for calling.

미리 감사드립니다.
Thank you very much in advance.

먼저 감사드립니다.
Thank you very much in advance.

Herzlichen Dank!
해를츨리핸 당크

Ich danke Ihnen vielmals.
이히 당캐 이-낸
피-일말스

Ich danke Ihnen herzlichst.
이히 당캐 이-낸 해르츨리히스트

Ich bedanke mich bei Ihnen.
이히 배당캐 미히 바이 이-낸

Ich danke Ihnen für Ihre Hilfe.
이히 당캐 이-낸 퓌-어 이어래 힐패

Danke sehr für die Einladung.
당캐 제-어 퓌-어 디-
아인라-둥

Ich bin Ihnen sehr dankbar.
이히 빈 이-낸 제어 당크바-

Danke für Ihren Anruf.
당캐 퓌-어 이어랜 안루-프

Ich bedanke mich im voraus.
이히 배당캐 미히 임
포어라우스

Vielen Dank im voraus.
피-ㄹ랜 당크 임 포어라우스

감사

2. 감사에 대한 응답

천만에요.
Don't mention it.

Nichts zu danken.
니히츠 추- 당캔

천만에요.
Don't mention it.

Keine Ursache!
카이내 우어작허

천만에요. 별 것 아닌데요.
Don't mention it.

Das ist doch nicht der Rede wert.
다스 아스트 독흐 니히트 데어
레-대 베어트

천만에요. 당연한 한 일인 걸요.
Don't mention it.

Das ist doch selbstverständlich!
다스 이스트 독흐
젤프스트패어슈탠틀리히

뭘요.
You are welcom!

Bitte schön!
빗태 쇠-ㄴ

좋아서 한 일인데요 뭐.
You are welcom!

Gern geschehen!
개른 개쉐-언

다인강변의 포도주
마을 뤼더스하임의 어느 골목

3 사과 표현

1. 사과 표현

죄송합니다.
I am sorry./I beg your pardon.

Entschuldigung!
앤트슐디궁

죄송합니다. 제가 전화를 잘못 걸었군요.
I'm sorry I've got the wrong number.

Entschuldigung, ich bin falsch verbunden.
앤트슐디궁   이히 빈
팔쉬 패어분댄

죄송합니다.
I am sorry.

Entschuldigen Sie, bitte!
앤트슐디갠   지- 빗태

지각해서 죄송합니다.
Please forgive my late arrive.

Entschuldigen Sie bitte meine Verspätung!
앤트슐디갠   지- 빗태
마이내 패어슈패-퉁

죄송합니다.
Sorry.

Verzeihung!
패어차이웅

죄송합니다.
I am sorry.

Verzeihen Sie, bitte!
패어차이언   지- 빗태

죄송합니다.
I beg your pardon.

Pardon!
파동

대단히 죄송합니다.
I'm verry sorry.

Es tut mir sehr Leid.
애스 툴 미어 제-어 라이트

누차 사과 드립니다.
Please accept my apoliges.

Ich bitte vielmals um Entschuldigung.
이히 빗태 피-ㄹ말스 움 앤트슐디궁

결석하게 되어 죄송합니다.
Please excuse my absence.

Meine Abwesenheit bitte ich Sie zu entschuldigen!
마이내 앞베-잰하이트 빗태 이히 지- 추- 앤트슐디갠

교수님께 결석해서 죄송하다고 내대신 말씀드릴래?
Can you send my apoliges for absence to the professor?

Kannst du mich bei dem Professor entschuldigen?
칸스트 두 미히 바이 데-ㅁ 프로팻소어 앤트슐디갠

제 동료 기호가 (오지 못해서) 죄송하답니다.
My colleague sends her apoliges.

Mein Kollege Ki-ho lässt sich entschuldigen.
마인 콜레-개 기호 랫스트 지히 앤트슐디갠

내일 결석하게 되어 죄송합니다.
I would like to excuse for tomorrow.

Ich möchte mich für morgen entschuldigen!
이히 뫼히태 미히 퓌-어 모르갠 앤트슐디갠

---

*부탁을 할 때나 상대에게 주의를 끌 때도
Entschuldigung/Entschuldigen Sie! (Excuse me!)라고 한다.

2. 사과에 대한 응답

뭘요.
You are welcome.

천만에요.
Not at all.

천만에요.
Not at all.

뭘요./천만에요.
You're welcome.

괜찮습니다.
That's all right.

괜찮습니다. 걱정하지 마십시오.
Never mind!

아무 문제도 아닙니다./괜찮아요.
That's no problem.

아무 염려 마세요.
Don't worry about it.

괜찮아요, 별 것 아닌걸요.
It is not worth mentioning.

대수로운 문제도 아닌데요, 뭐.
That is of no importance.

Bitte bitte!
비태 비태

Bitte schön!
비태 쇠-ㄴ

Bitte sehr!
비태 제-어

Gern geschehen!
개른 개쉐-언

Schon gut!
쇼-ㄴ 구-ㅌ

Mach nichts!
막흐 니히츠

Das macht doch nichts.
닷스 막흐트 독흐 니히츠

Machen Sie sich nichts daraus.
막핸   지- 지히 니히츠
다라우스

Es ist nicht der Rede wert.
애스 이스트 니히트 데-어 레-대 배어트

Spielt keine Rolle.
슈피-ㄹ트 카이내 롤래

오, 신경쓸 것 없어요.
Oh, never mind.

Mir macht es nichts aus.
미어 막흐트 애스 니히츠 아우스

있을 수 있는 일인 걸요, 뭘.
It can be happend every time.

Das kann ja mal passieren.
다스 칸 야- 마-ㄹ 팟시어른

당신 책임이 아닙니다.
That is not your fault.

Das ist nicht Ihre Schuld.
다스 이스트 니히트 이어래 슐트

괜찮습니다.
That's o.k.

Das ist schon in Ordnung!
다스 이스트 쇼-ㄴ 인 오르드눙

저는 이미 잊은 걸요, 뭘.
I've already forgotten about it.

Schon vergessen.
쇼-ㄴ 패어갯샌

이미 다 지난 일입니다.
That's all over and done with.

Das ist vergeben und vergessen.
다스 이스트 패어게-밴 운트 패어갯샌

프랑크푸르크트의 도시

라인강변의 마을

4 소개

1. 소개하기

저를 소개하고 싶습니다.
I'd like introduce myself to you.

Ich möchte mich Ihnen vorstellen.
이히 뫼히태 미히 이-낸 포어슈탤른

저를 소개하고 싶습니다.
May I introduce myself to you?

Darf ich mich Ihnen vorstellen?
다르프 이히 미히 이-낸 포-어슈탤른

저를 소개해도 될까요?
May I introduce you to Mr. Kim?

Gestatten Sie, dass ich mich vorstelle?
개슈타탠 지- 다스 이히 미히 포-어슈탤래

제 친구를 소개해 드리고 싶습니다.
Let me introduce my friend to you.

Ich möchte Ihnen meinen Freund vorstellen.
이히 뫼히태 이-낸 마이낸 프로인트 포-어슈탤른

김 선생을 소개 드릴까요?
May I introduce myself to you?

Darf ich Ihnen Herrn Kim vorstellen?
다르프 이히 이-낸 해른 킴 포-어슈탤른

김 선생을 소개 드릴까요?
May I introduce you to Mr. Kim?

Darf ich Sie mit Herrn Kim bekannt machen?
다르프 이히 지- 밑 해른
킴   배칸트   막헌

이 양, 로만 씨를 아시나요?
Miss Lee, do you know Mr. Lohmann?

Frau Lee, kennen Sie Herrn Lohmann?
프라우 리 캔낸   지-
해른   로-만

제가 당신을 그분에게 소개해 드릴게요.
I'll introduce you to him.

Ich mache Sie mit ihm bekannt.
이히 막해   지- 미트 이-임
배칸트

너 정말 볼프 부인 알고 있어?
Do you really know Mrs. Wolf?

Kennst du eigentlich Frau Wolf?
캔스트   두- 아이갠틀리히
프라우 볼프

서로들 알고 계신가요?
Do you already know each other?

Kennen Sie sich schon?
캔낸   지- 지히 쇼-ㄴ

여기는 모니카고 이 친구는 동민이야.
Here is Monika. And here Dong-Min.

Hier ist Monika. Und hier Dong-Min.
히-어 이스트 모니카   운트
히-어 동민

이분은 한국에서 온 이 군입니다.
This is Mr. Lee from Korea.

Das ist Herr Lee aus Korea.
다스 이스트 해어 리 아우스 코레-아

2. 만나서 반갑습니다

반갑습니다.
I am glad.

Freut mich.
프로이트 미히

저도 반갑습니다.
The pleasure is mine.

Sehr meinerseits.
제어 마이너자이츠

만나 뵈어 반갑습니다.
Delighted to meet you!

Angenehm.
안개네-ㅁ

반갑습니다.
I'm glad very well.

Freut mich sehr.
프로이트 미히 제어

대단히 반갑습니다/
만나서 반갑습니다.
I'm glad very well./
I'm pleased to meet you.

Sehr erfreut.
제-어 애어프로이트

알게 되어 반갑습니다.
Delighted to meet you!

Sehr angenehm, Sie kennen zu lernen.
제어 안개네-ㅁ 지-
캔낸 추- 래르낸

당신을 사귀게 되어 매우 반갑습니다.
I am glad to make your's acquaintance.

Freut mich sehr, Ihre Bekanntschaft zu machen.
프로이트 미히 제-어 이어래
배칸트샤프트 추- 막핸

만나 뵙게 되어 반갑습니다.
I am glad to see you.

Es freut mich, Sie zu sehen!
애스 프로이트 미히 지- 추 제언

당신을 만나니 반갑습니다.
It's nice to meet you.

Es freut mich Sie zu treffen.
애스 프로이트 미히 지- 추-
트래팬

당신을 알게 되어 대단히 반갑습니다.
I am glad to meet you.

Es freut mich sehr, Sie kennen zu lernen!
애스 프로이트 미히 제어 지-
캔낸 추- 래르낸

당신을 알게 되어 대단히 반갑습니다.

Ich freue mich sehr, Sie kennen zu lernen!
이히 프로이애 미히 제-어 지-

소개

I'm very glad to meet you.

캔낸 추 래르낸

당신을 알게 되어 기쁩니다.
I'm glad very well to make your's acquaintance.

Sehr erfreut, Ihre Bekanntschaft zu machen!
제-어 애어프로이트 이어래 배-
칸트샤프트   추- 막핸

대단히 반갑습니다.
Very delighted to meet you.

Sehr angenehm!
제-어 안개네-ㅁ

저도 그렇습니다.
For my part, please!

Ganz meinerseits!
간츠   마이너차이츠

저는 당신에 관하여 이미 말씀 많이 들었습니다.
I have already heard about you.

Ich habe schon viel von Ihnen gehört.
이히 하-베 쇼-ㄴ 피-일 폰
이-낸   개회르트

라인강변의 촌락

북위 50도선

5 개인의 신상

1. 이름 묻기

당신의 이름은 어떻게 됩니까? What is your name?	Wie heißen Sie? 비- 하잇샌 지-
당신의 이름은 무엇입니까? What is your name?	Wie ist Ihr Name? 비- 이스트 이-어 나-매
[보통 부르는] 이름이 무엇입니까? What is your first name?	Wie heißen Sie mit Vornamen? 비- 하잇샌 지- 밑 포-어나-맨
[보통 부르는] 이름이 무엇입니까? What is your first name?	Wie ist Ihr Vorname? 비- 이스트 이-어 포-어나-매
죄송합니다. 성함이 뭐라고 하셨지요? Excuse me, what was your name?	Entschuldigen Sie, wie war Ihr Name? 앤트슐디갠 지- 비- 바- 이-어 나-매

성함을 한 번 더 말씀해 주시겠습니까?
How was your name once more please?

Wie war der Name noch einmal?
비- 바- 대어 나-매 녹흐 아인마-ㄹ

성(姓)씨의 철자는 어떻게 되나요?
How does one write your family name?

Wie schreibt man Ihr Familienname?
비- 슈라입트 만 이-어 파밀리언나-매

제 이름은 김이라고 합니다.
I'm Kim.

Ich heiße Kim.
이히 하잇새 김

저는 김입니다.
I'm Kim

Ich bin Kim.
이히 빈 킴

제 이름은 김입니다.
My name is Kim.

Mein Name ist Kim.
마인 나-매 이스트 킴

제 이름은 홍미입니다.
My first name is Hong-Mi.

Mein Vorname ist Hong-Mi.
마인 포-어나-매 이스트 홍 미

김은 성입니다.
Kim is my family name.

Kim ist mein Familienname.
킴 이스트 마인 파밀리언나-매

박은 성입니다.
Park is my last name.

Park ist mein Nachname.
팍 이스트 마인 나-ㄱ흐나-매

제 이름은 김 미라입니다.
My name is Mi-ra Kim.

Mein Name ist Mi-Ra Kim.
마인 나-매 이스트 미라 김

2. 나이 묻기

연세가 어떻게 됩니까?
How old are you?

Wie alt sind Sie?
비- 알트 진트 지-

연세가 몇인지 여쭈어봐도 됩니까?
May I ask, how old you are?

Wie alt sind Sie, wenn man fragen darf?
비- 알트 진트 지- 벤 만 프라-갠 다르프

연세가 몇인지 여쭈어봐도 됩니까?
May I ask you, how old you are?

Darf ich fragen, wie alt Sie sind?
다르프 이히 프라-갠 비- 알트 지- 진트

너 몇 살이니?
How old are you?

Wie alt bist du?
비- 알트 비스트 두-

그는 나이가 어떻게 됩니까?
How old is he?

Wie alt ist er?
비- 알트 이스트 에-어

그녀는 나이가 어떻게 됩니까?
How old is she?

Wie alt ist sie?
비- 알트 이스트 지-

당신 아버지의 연세는 얼마입니까?
How old is your father?

Wie alt ist Ihr Vater?
비- 알트 이스트 이-어 파-터

저는 스무 살입니다.
I am twenty years old.

Ich bin 20 Jahre alt.
이히 빈 츠반치히 야-래 알트

그는 스물 다섯 살입니다.
He is twenty five years old.

Er ist 25 Jahre alt.
에-어 이스트 퓐프운트츠반치히 야-래 알트

그녀는 열 일곱 살입니다.
She is 17 years old.

Sie ist 17 Jahre alt.
지- 이스트 집첸 야-래 알트

개인의 신상

그는 겨우 13살입니다.
He is only 13 years old.

Er ist erst 13 Jahre alt.
에-어 이스트 애어스트 드라이챈
야-래 알트

그녀는 아직 젊습니다.
She is still young.

Sie ist noch jung.
지- 이스트 녹흐   융

저를 몇 살로 보십니까?
How do you think, how old I am?

Für wie alt halten Sie mich?
퓌어 비- 알트 할-탠 지- 미히

짐작하건 데 35세로 보입니다.
Appoximately, you are 35 years old.

Sie sind schätzungsweise 35 Jahre alt.
지- 진트   섀충스바이재
퓐프운트드라이씨히 야-래 알트

3. 출신

당신은 어디서 오셨습니까?(출신입니까?)
Where are you from?

Woher kommen Sie?
보해어   콤맨   지-

당신은 어디 출신입니까?
Where are you from?

Wo kommen Sie her?
보- 콤맨   지- 해어

당신은 어디서 오셨지요?
Where are you from, please?

Woher sind Sie, bitte?
보해어   진트 지- 비태

그는 대체 어디 출신입니까?(어디서 왔지?)
Where is he from?

Woher kommt er denn?
보해어   콤트   에어 댄

한국에서 오셨습니까?
Are you from Korea?

Kommen Sie aus Korea?
콤맨   지- 아우스 코레-아

한국에서 오시지 않으셨

Kommen Sie nicht aus

습니까?
You come from Korea, don't you?

당신의 국적은 무엇입니까?
What nationality are you?

당신의 국적은 한국입니까?
Are you of Korean.

당신은 독일인입니까?
Are you German?

한국인입니까?
Are you Korean?

박 선생님, 당신은 어떤 나라에서 오셨습니까?
From which country do you come, Mr. Park?

그곳의 어느 도시에서 오셨나요?
From which city do you come there?

그는 일본 출신입니까?
Does he come from Japan?

저는 서울에서 왔습니다.
I come from Seoul.

예, 맞습니다. 저는 한국에서 왔습니다.
Yes, sure. I come from Seoul.

Korea?
콤맨 지- 니히트 아우스 코레-아

Welche Nationalität haben Sie?
뱰해 나치오날리태-트 하-밴 지-

Sind Sie koreanisch?
진트 지- 코레-아니쉬

Sind Sie Deutsche/Deutscher?
진트 지- 도이췌/도이처

Sind Sie Koreaner?
진트 지- 코레아너

Aus welchem Land kommen Sie, Herr Park?
아우스 뱰핵   란트
콤맨   지- 해어 박

Aus welcher Stadt sind Sie?
아우스 뱰혀   슈타트 진트 지-

Ist er aus Japan?
이스트 에-어 아우스 야-판

Ich komme aus Seoul.
이히 콤매   아우스 서울

Ja, genau. Ich komme aus Korea.
아 개나우   이히 콤매
아우스 코레-아

개인의 신상

4. 생일

생일(생신)이 언제 입니까?
When do you have a birthday?

Wann haben Sie Geburtstag?
반 하-밴 지- 개부어츠타-ㄱ

네 생일은 언제니?
When do you have a birthday?

Wann hast du Geburtstag?
반 하스트 두- 개부어츠타-ㄱ

너의 아버지 생신은 언제니?
When is your father's birthday?

Wann hat dein Vater Geburtstag?
반 하-트 다인 파-터 개부어츠타-ㄱ

당신은 언제 태어났습니까?
When were you born?

Wann sind Sie geboren?
반 진트 지- 개보-랜

너는 언제 어디서 태어났니?
When and where were you born?

Wann und wo bist du denn geboren?
반 운트 보- 비스트 두- 댄 개보랜

내 생일은 내일입니다.
Tomorrow is my birthday.

Morgen habe ich Geburtstag.
모르갠 하-배 이히 개부어츠타-ㄱ

내일은 그의 20번째 생일입니다.
Tomorrow is his 20th. birthday.

Morgen hat er seinen zwanzigsten Geburtstag.
모르갠 하트 에-어 자이낸 츠반치히스탠 개부어츠타-ㄱ

어제는 저의 30번째 생일이었습니다.
Yesterday was my 30th. birthday.

Gestern war mein dreißigster Geburstag.
개스터른 바- 마인 드라이씨히스터 개부어츠타-ㄱ

제 생일은 목요일입니다.

Am Donnerstag habe ich

On Thusday is my birthday.
Geburtstag.
암 돈너스타-ㄱ 하-배 이히 개부어츠타-ㄱ

그의 생일은 이미 지나갔습니다.
His birthday was already gone past.
Sein Geburtstag ist schon vorbei.
자인 개부어스타-ㄱ 이스트 쇼-ㄴ 포아바이

저는 9월13일에 태어났습니다.
I was born on 13. September.
Ich bin am dreizehnten September geboren.
이히 빈 암 드라이첸-탠 잽템버   개보-랜

저는 한국에서 태어났습니다.
I was born in Korea.
Ich bin in Korea geboren.
이히 빈   임 코레-아 개보-랜

5. 직업 - 직업은 무엇입니까?

당신의 직업은 무엇입니까?
What is your profession?
Was sind Sie von Beruf?
바스 진트 지- 폰 배루-프

직업은 무엇입니까?
What do you do professionally?
Was machen Sie beruflich?
바스   막핸   지- 배루-플리히

여기 쾰른에서 근무하십니까?
Do you work here in Köln
Arbeiten Sie hier in Köln?
아르바이탠 지- 히어 인 쾰른

무슨 일을 하고 계신가요?
What kind of work do you do here?
Als was arbeiten Sie hier?
알스 바스 아르바이탠   지- 히어

개인의 신상

여기서 무슨 일에 종사하십니까?
In which work are you here occupied?

Als was sind Sie hier tätig?
알스 바스 진트 지- 히어 태-티히

당신 아버지의 직업은 무엇입니까?
What does your father do?

Was macht Ihr Vater?
바스 막흐트 이-어 파-터

당신은 직업이 있습니까?
Do you have a job?

Haben Sie einen Beruf?
하-밴 지- 아이낸 배루-ㅍ

당신은 직업이 있습니까?
Does he have a job?

Sind Sie berufstätig?
진트 지- 배루-ㅍ스태-티히

어디서 일하십니까?
Where are you working?

Wo arbeiten Sie?
보- 아르바이탠 지-

일을 구하십니까?
Do you search for a work?

Suchen Sie eine Arbeit?
주-ㄱ헌 지- 아이내 아르바이트

그가 일자리를 찾습니까?
Does he search for a work?

Sucht er eine Stelle?
주-ㄱ흐트 에어 아이내 슈탤래

5. 직업 - 직업은 ...입니다.

나는 대학생입니다.
I am a student.

Ich bin Student.
이히 빈 슈투댄트

그녀는 아직도 대학생입니다.
She is a student yet.

Sie ist noch Studentin.
지- 이스트 녹흐 슈투댄틴

그의 직업은 의사입니다.
He is a doctor.

Er ist Arzt von Beruf.
에-어 이스트 아르츠트 폰 배루-ㅍ

저의 어머니는 주부입니다.
My mother is a housewife.

Meine Mutter ist Hausfrau.
마이내 무터 이스트 하우스프라우

예, 저는 일자리를 찾고 있습니다.
Yes, I'm looking for a job.

Ja, ich suche eine Stelle.
야 이히 주-ㄱ허 아이내 슈탤래

5. 직업 - ...에 종사합니다.

저는 비서 일을 하고 있습니다.
I am a secretary.

Ich bin Sekretärin von Beruf.
이히 빈 재크래태-린 폰 배루-ㅍ

저는 보험회사에 근무합니다.
I'm working in an insurance company.

Ich arbeite bei einer Versicherung.
이히 아르바이태 바이 아이너 패어짓혀룽

저는 교사로 근무하고 있습니다.
I'm working as a teacher.

Ich bin als Lehrer tätig.
이히 빈 알스 레-러   태-티히

나는 지멘스에서 근무합니다.
I'm working at Siemens.

Ich arbeite bei Siemens.
이히 아르바이태 바이 지-맨스

저는 은행에서 근무합니다.
I'm working at a bank.

Ich arbeite bei einer Bank.
이히 아르바이태 바이 아이너 방크

저는 AEG에서 근무합니다.
I'm working for AEG.

Ich arbeite für AEG.
이히 아르바이태 퓌어 아에게

저는 기술분야에 종사합니다.
I'm on the technical side.

Ich bin im technischen Bereich tätig.
이히 빈   임 태히닛섄 배라이히   태-티히

개인의 신상

6. 자기 자신에 대해

나는 한국사람입니다.
I am korean.

Ich bin Koreaner.
이히 빈 코레아-너

나는 한국사람입니다.
I am korean.

Ich bin Koreanerin.
이히 빈 코레아-너린

나는 서울에서 태어났습니다.
I was born in Seoul.

Ich bin in Seoul geboren.
이히 빈 인 서울 개보-랜

나는 여기서 독일어를 배웁니다.
I'm learning German here.

Ich lerne hier Deutsch.
이히 래르내 히-어 도이취

나는 사업차 여기에 왔습니다.
I am here on business.

Ich bin geschäftlich hier.
이히 빈 개섀프틀리히 히-어

페터, 너 어디서 오는 거야?
Peter, where are you from?

Woher kommst du, Peter?
보-해어 콤스트 두- 페터

난 방금 집에서 왔어.
I'm just coming from my home.

Ich komme gerade von zu Haus.
이히 콤매 개라-대 폰 추- 하우스

난 빵집에서 오는 길이야.
I'm just coming from baker's shop.

Ich komme aus der Bäckerei.
이히 콤매 아우스 데어 백커라이

난 학교에서 오는 길이야.
I'm coming from the school.

Ich komme aus der Schule.
이히 콤매 아우스 데어 슐-래

나는 사무실에(갔다가 퇴근하고)서 왔어.
I'm coming from the office.

Ich komme aus dem Büro.
이히 콤매   아우스 뎀 뷰-로

난 함부르크에 갔다가 온 거야(왔어).
I did go to Hamburg and just come from there.

Ich komme von Hamburg.
이히 콤매   폰   함부르크

나는 역에 갔다와.
I'm just coming from the railway station.

Ich komme vom Bahnhof.
이히 콤매   폼   바-ㄴ호프

나는 시내에 좀 다녀오는 중이야.
I'm just coming from the city.

Ich komme gerade aus der Stadt.
이히 콤매   개라대   아우스 데어 슈타트

라인강의 화물선

라인강변의 마을

7. 가족사항

실례합니다만, 결혼하셨어요?
Excuse me, are you married?

Entschuldigung, sind Sie verheiratet?
앤트슐디궁 진트 지- 패어하이라태트

예, 저는 결혼했습니다.
Yes, I'm married.

Ja, ich bin verheiratet.
야- 이히 빈 패어하이라태트

아니오, 저는 미혼입니다.
No, I'm single.

Nein, ich bin ledig.
나인 이히 빈 레-디히

저는 애가 하나 있습니다.
I've got one kid.

Ich habe ein Kind.
이히 하-배 아인 킨트

저는 애를 둘 두고 있습니다.
I've got two kids; one son and one daughter.

Ich habe zwei Kinder; einen Sohn und eine Tochter.
이히 하-배 츠바이 킨더
아이낸 조-ㄴ 운트 아이내 톡흐터

가족이 몇이나 됩니까?
How many are threre in your family?

Wie groß ist Ihre Familie?
비- 그로-스 이스트 이어래 파밀리어

우리가족은 4명입니다.
There are four of us in our family.

Wir sind zu viert in der Familie.
비어 진트 추- 피어트 인 데어 파밀리어

형제는 어떻게 되시나요?
Do you have any brothers and sisters?

Haben Sie Geschwister?
하-밴 지- 개슈비스터

나는 형이 하나고 누이는 없어요.
I have one brother, but no sister.

Ich habe einen Bruder, aber keine Schwester.
이히 하-배 아이낸 브루-더
아-버 카이내 슈배스터

나는 누이가 둘인데 형은 없어요.
I have two sisters, but no brother.

Ich habe zweiSchwestern, aber keinen Bruder.
이히 하-배 츠바이 슈배스터른
아-버 카이낸 브루-더

나는 외동아들입니다.
I'm the only child.

Ich bin der einzige Sohn.
이히 빈 데어 아인찌개 조-ㄴ

당신은 부모님댁에 사십니까?
Do you live with your parents?

Wohnen Sie bei Ihren Eltern?
보-낸 지- 바이 이어랜
앨턴

개인의 신상

라인강의 선착장

숲속의 집

8. 기타

전에 독일에 와 보신적 있습니까?
Have you been to German before?

Waren Sie schon einmal in Deutschland?
바-랜 지- 쇼-ㄴ 아인마-ㄹ
인 도이췰란트

아니오, 여기에는 처음입니다.
No, it's my first time here.

Nein, ich bin zum ersten Mal hier.
나인 이히 빈 춤 애어스탠
마-ㄹ 히-어

이번이 첫 번째 독일여행입니까?
Is this your first visit to German?

Sind Sie zum ersten Mal in Deutschland?
진트 지- 춤 애어스탠 마-ㄹ
인 도이췰란트

아니오, 저는 여기 자주 웁니다.
No, I often come here.

Nein, ich bin öfters hier.
나인 이히 빈 왜프터스 히-어

독일의 경찰청

장터

6 주의를 끌게

1. 위험한 상황을 말할 때

조심해/조심하세요.
Watch out!

Achtung!
악흐퉁

조심하세요.
Watch out!/Beware!

Passen Sie doch auf!
팟샌 지- 독흐 아우프

조심해/조심하세요.
Be careful!

Vorsicht!
포-어지히트

도와줘/ 도와줘요.
Help!

Hilfe!
힐패

도와줘/ 도와주세요.
Hallo.

Hallo!
할로

> * Hallo!는 반드시 인사에 쓰이는 표현만은 아니다. 위급한 상황에서 도움을 요청할 때도 이렇게 말한다.

불이야.
Fire!

Feuer!
포이어

2. 상대방이 일에 몰두하고 있을 때 주의를 끄는 표현

잠시 폐를 끼쳐도 괜찮습니까?
May I interrupt you for a moment!

잠시 폐를 끼쳐도 괜찮습니까?
If I might interrupt you for a moment?

여보세요, 거기 당신이요.
Hello you, there!

어이, 거기 당신 말이야.[상스러운 표현]
Hello, you, there!

저, 실례합니다.
Excuse me, please!

방해가 되니?
Do I interrupt you, please!

아니, 괜찮아. 너는 방해가 안돼.
No, no, you don't interrupt me.

잠시 저에게 시간좀 내주시겠습니까?
If you could spare me a moment.

잠시 말씀을 중단시켜도 되겠습니까?
If I could just interrupt you for a moment.

Darf ich mal kurz stören?
다르프 이히 마-르 쿠어츠 슈퇴-랜

Dürfte ich mal kurz stören?
듀르프테 이히 마-르 쿠어츠 슈퇴-랜

Hallo, Sie da!
할로 지- 다-

He, Sie da!
헤- 지- 다-

Entschuldigen Sie bitte!
앤트슐디갠 지- 비태

Störe ich dich?
슈퇴-래 이히 디히

Nein, nein, du störst nicht.
나인 나인 두- 슈퇴르스트 니히트

Wenn Sie einen Moment Zeit für mich hätten.
밴 지- 아이낸 모맨트 차이트 퓌-어 미히 햇탠

Wenn ich Sie mal gerade unterbrechen dürfte?
밴 이히 지- 마-르 개라-대 운터브랫핸 듀르프태

60

실례합니다. 한가지 물어 봤으면 하는데요.
Excuse me, I'd like to ask a question.

Entschuldigen Sie, ich hätte eine Frage.
앤트슐디갠   지- 이히
햇태 아이내 프라-개

주의를 끌기

마인츠 대성당

옛건물

7 말을 걸기

1. 모르는 사람을 부를 때

저 잠깐만요.
Watch it.

여보세요.
Hello.

이봐/야.
Hi.

이봐./잠깐만.
Listen.

잠깐만요.
Please, listen to me.

저.
Say./Tell me.

저 잠깐만요.
Look out!

실례합니다.
Excuse me.

Achtung!
아흐퉁

Hallo!
할로

Hei!
하이

Pass mal auf!
팟스 마-ㄹ 아우프

Passen Sie doch auf!
팟샌 지- 독흐 아우프

Sagen Sie.
자-갠 지-

Vorsicht!
포- 어지히트

Entschuldigung!
앤트슐디궁

실례합니다. 여기 역이 어디에 있지요? Excuse me, can you tell me where the station is?	Entschuldigung, wo ist hier der Bahnhof? 앤트슐디궁 보- 이스트 히어 데-어 반-호프
실례합니다. I am sorry.	Verzeihung! 패어차이웅
저 잠깐만요. Mr./Miss./Madam.	Herr./Frau. 해어/프라우
웨이터./웨이튜래스. Waiter./Waitress.	Herr Ober./Fräulein. 해어 오-버/ 프로일라인
실례합니다.[남자에 대해] Excuse me!	Ich bitte Sie, mein Herr! 이히 빗태 지- 마인 해어
실례합니다.[여자에 대해] Excuse me!	Ich bitte Sie, meine Dame! 이히 빗태 지- 마이내 다-매
(의사) 선생님./교수님. Doctor./Professor.	Herr Doktor./ Herr Professor./ Frau Professorin. 해어 독토어/ 해어 프로팻소어/ 프라우 프로팻소-린
저, 실례합니다. May I?	Darf ich? 다르프 이히
방해를 끼쳐 죄송합니다. I am sorry to bother you.	Entschuldigen Sie, dass ich störe. 앤트슐디갠 지- 다스 이히 슈퇴-래
실례합니다만 물어볼 말이 있는데요. Excuse me, I'd like to ask a question.	Entschuldigen Sie, ich hätte eine Frage. 앤트슐디갠 지- 이히 해태 아이내 프라-개

혹시 볼프 부인/양입니까?
Are you by any chance Mrs./Miss. Wolf?

Sind Sie zufällig Frau Wolf?
진트 지- 추-팰리히 프라우 볼프

잠시 실례해도 될까요?
If I might interrupt you for a moment.

Dürfte ich mal kurz stören?
듀르프태 이히 마-ㄹ 쿠어츠 슈퇴-랜

잠시 시간 좀 내주시겠습니까?
If you could spare me a moment.

Wenn Sie einen Moment Zeit für mich hätten?
밴 지- 아이 낸 모맨트
차이트 퓌어 미히 해탠

잠시 말씀을 끊어도 될까요/잠시 실례합니다.
If I could just interrupt you for a moment?

Wenn Sie mal gerade unterbrechen dürfte.
밴 지- 마-ㄹ 게라대
운터브래핸 듀르프태

2. 상대방의 이름을 부를 때

실례합니다. 프랑크 씨.
Excuse me. Mr Frank.

Entschuldigung, Herr Frank!
앤트슐디궁 해어 프랑크

실례합니다. 그롯스 양/부인.
Excuse me. Miss./Mrs.Gross.

Entschuldigen Sie, Frau Gross!
앤트슐디갠 지- 프라우 그롯스

비트코프 씨 잠깐 실례합니다.
Sorry to bother you, Mr. Wittkop.

Störe ich Sie, Herr Wittkop?
슈퇴-래 이히 지- 해어
비트코프

쾰러 양, 잠깐 실례합니다.
May I bother you, Miss Köhler?

Darf ich Sie mal stören, Frau Köhler?
다르프 이히 지- 마-ㄹ 슈퇴-랜
프라우 쾰-러

이봐. 만프래트.
Hello. Manfred.

Hallo, Manfred!
할로   만프래트

안녕하세요. 김 선생님.
Good afternoon, Mr. Kim.

Guten Tag, Herr Kim!
구-탠 타-ㄱ   해어   킴

> * "선생님"이라고 부를 때 Lehrer라고 안하고 Herr Park./Frau Lee.처럼 부른다. 즉, "...씨" 라는 말과 같다.

기젤라야. 잠깐만.
Listen, Gisela.

Pass mal auf, Gisela!
팟스   마-ㄹ 아우프 기-젤라

저 이 선생님.
Tell me. Mr. Lee.

Sagen Sie. Herr Lee!
자-갠   지- 해어   리

저 이 선생님. 이게 뭐지요?
Tell me. Mr. Lee. What is this?

Sagen Sie. Herr Lee!
Was ist das denn?
자-갠   지- 해어   리
밧스 이스트 닷스 댄

히버 씨 방해를 끼쳐 죄송합니다.
Mr. Hieber. I am sorry to bother you.

Herr Hieber, entschuldigen Sie, dass ich störe.
해어   히-   앤츌디갠
지-   닷스   이히 슈퇴-래

우도, 내말 좀 들어봐.
Listen to me. Udo.

Hör mal, Udo!
회-어 마-ㄹ 우-도

바우어 씨, 제 말 좀 들어보십시오.
Please listen to me, Mr. Bauer.

Hören Sie mal, Herr Bauer!
회-랜   지- 마-ㄹ 해어 바우어

이봐요, 우리 이제 반말하기로 합시다.
Hello, shall we use the du form?

Hallo, wollen wir uns duzen?
할로   볼랜   비어 운스
두-챈

말을 걸기

3. 상대방의 요구에 응답할 때

예, 왜 그러시지요?
I'm sorry?

Bitte?
비태

예, 왜 그러시지요?/
예, 그러시지요.
Yes, what is it?/Yes, please.

Ja, bitte?
야- 비태

예, 무슨 일이지요?
Yes, what's the matter?

Ja, was gibt's?
야 밧스 깊츠

예, 무슨 일이지요?
Well, what is it?

Na, was denn?
나- 밧스 댄

뭘 도와 드릴까요?
Well, what can I do for you?

Was kann ich für Sie tun?
밧스 칸 이히 퓌-어 지- 투-ㄴ

무슨 일이지요?
What is it about?

Worum handelt es sich?
보-룸 한댈트 애스 지히

무슨 일이지요?
What is it about?

Worum geht es?
보-룸 게-ㅌ 애스

무슨 일이지요?
What is it about?

Worum geht's?
보-룸 게-츠

무슨 일이지요?
What is it?

Was gibt es?
밧스 깊트 애스

뭘 도와 드릴까요?
[가게나 공공기관에서 사용]
How can I serve you?

Womit kann ich Ihnen dienen?
보-밑 칸 이히 이-낸 디-낸

무엇을 원하십니까?
What would you do?

Was darf's sein?
밧스 다르프스 자인

무엇을 원하십니까?
What do you want?

Was möchten Sie?
밧스 뫼히탠 지-

무엇을 원하십니까?
What do you want?

Was wollen Sie?
밧스 볼랜 지-

지금은 안 되겠는데요.
Not now please.

Nicht jetzt, bitte.
니히트 예츠트 빗태

그것은 제 담당분야가 아닌데요.
It is not within my remit.

Das liegt nicht in meinem Zuständigkeitsbereich.
닷스 리-ㄱ트 니히트 인 마이냄
추-슈탠디히카이츠배라이히

유감스럽게도 저는 당신의 담당자가 아닙다.
It is not within my remit.

Ich bin leider nicht für Sie zuständig.
이히 빈 라이더 니히트 퓌어
지- 추-슈탠디히

잘못 찾아오셨군요.
I am not the person you need to see.

Bei mir sind Sie falsch.
바이 미어 진트 지- 팔쉬

구텐베르크 박물관

마인츠 대성당

4. 기다려달라고 할 때

잠깐만요.
Just a moment.

Einen Moment bitte.
아이낸   모멘트   빗태

잠시만 기다려 주십시오.
Just a moment.

Einen Augenblick bitte.
아이낸   아우갠블릭   빗태

잠시만 기다려주십시오.
Would you please wait for a moment?

Würden Sie bitte einen Augenblick warten?
뷔르댄   지-   빗태   아이낸
아우갠블릭   봐르탠

좀 더 기다리십시오.
Just another moment!

Moment noch.
모멘트   녹흐

잠깐만요. 곧 가겠습니다.
Just a moment. I come in a minute.

Einen Moment bitte. Ich komme gleich.
아이낸   모멘트   빗태   이히
콤매   글라이히

잠깐만 기다려주십시오.
Please wait a moment!

Bitte warten Sie einen Augenblick!
빗태   봐르탠   지-   아이낸
아우갠블릭

대기실에서 앉아 계십시오.[의원에서]
Please take a seat in the waiting-room.

Bitte nehmen Sie im Wartezimmer Platz.
빗태   네-맨   지-   임
바르태침머   플랏츠

몇 분간만 더 참아 주실 수 있습니까?
May I ask you to be patient for a few minutes?

Darf ich noch um ein paar Minuten Geduld bitten.
다르프   이히   녹흐   움   아인
파-   미누-탠   개둘트
비탠

유감입니다만 좀더 참아 주셔야겠습니다.
I'm afraid you'll have to be patient a little longer.

유감입니다만 대략 1시간은 더 걸릴 것 같아요.
I'm sorry, it'll takes about another an hour.

곧 가겠습니다.
I'll come in a minute.

Sie müssen sich leider noch ein wenig gedulden.
지- 뮛샌   지히 라이더
녹흐   아인 베-니히 개둘댄

Es dauert leider noch ungefähr eine Stunde.
애스 다우어트   라이더   녹흐
운개패-어   아이내 슈툰대

Komme gleich.
콤매   글라이히

말을 걸기

도시의 작은 쉼터

전차길

8 유감 표현

1. 유감표현

유감입니다.
It is a pity.

Es ist schade!
애스 이스트 샤-대

유감입니다.
What a pity!

Schade!
샤-대

정 말 유감이군요.
It's very a pity.

Das ist aber schade!
다스 이스트 아-버 샤-대

유감입니다.
I am sorry.

Es tut mir Leid!
애-스 투-트 미-어 라이트

그분은 정말 안됐군요.
I feel really sorry for him.

Er tut mir wirklich Leid!
에어 투-트 미-어 비르클리히 라이트

유감입니다.
I am sorry.

Tut mir Leid!
투-트 미-어 라이트

안됐습니다.
That's bad.

Das ist schlimm.
다스 이스트 슐림

정말 유감입니다.
That's really a pity.

Das ist aber schade.
다스 이스트 아-버 샤-대

운이 없으시군요.
Bad luck!

Pech (gehabt)!
패히(개합트)

운이 없군요.
What bad luck!

So ein Pech! / Was für ein Pech!
조 아인 패히/바스 퓌어 아인 패히

넌 정말 운이 없구나.
You really are unlucky.

Du bist ein echter Pechvogel!
두- 비스트 아인 애히터 패히포-갤

정말 안 됐군요.
That's too bad.

Das ist sehr bedauerlich.
다스 이스트 제-어 배다우얼리히

2. 애도를 표할 때

당신이 가엾군요.
I feel for you.

Ich fühle mit Ihnen.
이히 퓌-ㄹ래 밑 이-낸

우리는 당신과 함께 슬퍼하고 있어요.
We share your sorrow.

Wir teilen Ihr Leid.
비어 타일랜 이-어 라이트

당신의 아버님이 돌아가셔서 저는 몹시 슬픕니다.
My deepest condolences on the death of your father.

Mein herzliches Beileid zum Tod Ihres Vaters.
마인 해르츨리해스 바일라이트 춤 토-트 이어래스 파-터스

당신의 남편이 돌아가셔서 우리는 몹시 슬픕니다.
We are deeply sorry about the death of your husband.

Wir nehmen Anteil am Tod Ihres Mannes.
비어 네-맨 안타일 암 토-트 이어래스 만내스

우리는 진심으로 조의를 표하고 싶습니다.
We would like to express our sincere condolences.

Wir möchten Ihnen unser aufrichtiges Beileid aussprechen.
비어 뫼히탠 이-낸 운저 아우프리히티개스 바일 라이트 아우스슈프래핸

9 축하하기

1. 축하하기

축하해./축하합니다.
Congratulation!

축하해./축하합니다.
Congratulations!

축하해./축하합니다.
Congratulation!

진심으로 축하해./축하합니다.
My best congratulations!

축하해./축하합니다.
All the best!

축하해./축하합니다.
I congratulate you!

Herzlichen Glückwunsch!
해르츨리핸 글뤽분쉬

Herzliche Glückwünsche!
해르츨리해 글뤽뷘섀

Herzliche Gratulation!
해르츨리해 그라툴라치온

Meine besten Glückwünsche!
마이내 배스탠 글뤽뷘섀

Alles Gute!
알래스 구-태

Ich gratuliere dir/Ihnen!
이히 그라툴리-래 디-어/이-낸

2. 생일을 축하할 때

생일 축하해./축하합니다.
Congratulation on your birthday!

생일 축하해./축하합니다.
Congratulation on your birthday!

생일을 맞아 모든 일이 잘되기 바래/바랍니다.
All the best for your birthday!

축하해./축하합니다.
Congratulation!

축하해./축하합니다.
I congratulate you!

너의 생일을 축하해.
I congratulate you on your birthday!

당신의 생일을 축하합니다.
I congratulate you on your birthday!

Herzlichen Glückwünsch zum Geburtstag!
해르츨리핸 글뤽분쉬 춤 개부어츠타-ㄱ

Herzliche Glückwünsche zum Geburtstag!
해르츨리해 글뤽뷘섀
춤   개부어츠타-ㄱ

Alles Gute zum Geburtstag.
알래스르 구-태 춤 개부어츠타-ㄱ

Herzlichen Glückwünsch!
해르츨리핸   글뤽뷘섀

Ich gratuliere dir!
이히 그라툴리래 디-어

Ich gratuliere dir zum Geburtstag!
이히 그라툴리-래 디-어 춤
개부어츠타-ㄱ

Ich gratuliere Ihnen zum Geburtstag!
이히 그라툴리-래   이-낸 춤
개부어츠타-ㄱ

축하하기

장터

73

3. 성공을 축하할 때

너의 성공을 진심으로 축하해.
Many congratulations on your success.

Herzliche Glückwünsche zu deinem Erfolg.
해르츨리해   글뤽뷘섀
추- 다이냄   애어폴크

시험에 합격하여 축하해./합니다.
Congratulations on passing your exam.

Ich gratuliere zur bestandenen Prüfung.
이히   그라툴리-래   추어
배슈탄대낸   프뤼-풍

시험에 합격하여 축하합니다.
Congratulations on passing your exam.

Ich gratuliere Ihnen zum Bestehen des Examens.
이히 그라툴리-래   이-낸   춤
배슈태언   대스 액사-맨스

취업을 진심으로 축하해.
Congratulations on the new job.

Herzlichen Glückwunsch zur neuen Stelle.
해르츨리핸   글뤽뷘섀
추어 노이앤   슈댈래

진급을 진심으로 축하합니다.
I congratulate you on your promotion.

Ich beglückwünsche Sie zur Beförderung.
이히 배글뤽뷘섀   지-
추어 배푀-르더룽

성공을 축하합니다.
I congratulate you on your success.

Ich beglückwünsche Sie zum Erfolg.
이히 배글뤽뷘섀   지-
춤   애어폴크

구텐베르크박물관

4. 출산 축하

우리는 당신이 아이를 출산하여 축하 드립니다.
We send our congratulations on the birth of your new baby.

Wir gratulieren Ihnen zum Baby.
비어 그라툴리-랜   이-낸
춤   베-비

첫아이 출산을 축하드립니다.
We send our congratulations on the birth of your first baby.

Ich gratuliere Ihnen zur Geburt Ihres ersten Kindes.
이히 그라툴리-래   이-낸   추어
개부어트   이어래스 애어스탠 베-비

득녀하심을 진심으로 축하합니다.
Congratulations on the birth of your daughter.

Herzlichen Glückwunsch zur Geburt Ihrer Tochter.
해르츨리햰   글뤼뷘쉬
추어 개부어트   이어러   톡흐터

득남을 진심으로 축하합니다.
Congratulations on the birth of your son.

Herzlichen Glückwünsch zur Geburt Ihres Sohnes.
해르츨리햰   글뤼뷘쉬
추어 개부어트   이어래스 조-내스

5. 결혼 축하

너희들의 결혼을 맞아 행운을 빌어.
I wish you good luck on your wedding day.

Zu eurer Hochzeit wünsche ich euch alles Gute.
추- 오이러   혹흐차이트
뷘셰   이히   오이히   알래스 구-태

결혼을 맞아 행운을 빕니다.
All the best on your wedding day.

Alles Gute zur Hochzeit.
알래스 구-태   추어   혹흐차이트

축하하기

75

| 당신의 결혼을 축하합니다. | Ich beglückwünsche Sie zur Hochzeit! |
| I congratulate you on your wedding. | 이히 배글뤽뷘섀 지- 추어 혹흐차이트 |

당신의 결혼을 진심으로 축하합니다.
Congratulations on your wedding.

Herzlichen Glückwunsch zu Ihrer Hochzeit.
해르츨리핸 글쉬퀸쉬
추- 이어러 혹흐차이트

6. 행운을 빌 때

성공을 빕니다.
I wish you every success.

Viel Erfolg!
피-ㄹ 애어폴크

행운을 빌어.
Good luck!

Viel Glück!
피-ㄹ 글뤽

시험 잘 봐.
Good luck in the exam!

Viel Glück bei der Prüfung!
피-ㄹ 글뤽 바이 데-어 프뤼-풍

재미 많이 보세요./봐.
Have a good time!

Viel Spaß!
피-ㄹ 슈파-스

재미 많이 보세요./봐.
Entertainments!

Viel Vergnügen!
피-ㄹ 패어그뉘-갠

최선을 다해 시험에 임하기를.
Best wishes for the exam!

Alles Gute zum Examen!
알래스 구-태 춤 액사-맨

곧 다가 오는 시험에서 좋은 성과 올려라.
Every success in the forthcoming exam.

Viel Erfolg bei der bevorstehenden Prüfung.
피-ㄹ 애어폴크 바이 데-어
베포-어슈태언댄   프뤼-풍

당신의 새 집에 행운이 함께 하시길.
All the best in your new home.

Alles Gute im neuen Heim.
알래스 구-테 임 노이앤 하임

너희들의 새 집에 행운을 바래.
Good luck in your new house.

Viel Glück in eurem neuen Haus.
피-ㄹ 글 인 오이램
노이앤 하우스

잘 해봐!
All the best.

Mach's gut!
막스 구-ㅌ

7. 축하 받고 대답할 때

감사합니다.
Many thanks.

Vielen Dank!
피-ㄹ랜 당크

저도 당신에게 행운이 깃들기 바래요.
I wish you the same good luck.

Ich wünsche Ihnen das gleiche!
이히 뷘새 이-낸 다스
글라잇해

감사합니다. 당신도 그러시기 바래요.
Thank you, same to you.

Danke schön! Ebenfalls.
당캐 쇠-ㄴ 에-밴팔스

감사합니다. 당신에게도 마찬가지로 그러길 바래요.
Thank you, same to you.

Danke sehr! Gleichfalls.
당캐 제-어 글라이히팔스

당신이 그 일을 기억하시니 참 감사합니다.
Many thanks, (It's nice of you to think of me.

Vielen Dank. Nett, dass Sie daran gedacht haben.
피-ㄹ랜 당크 내트 다스
지- 다란 개닥흐트 하-밴

8. 건배할 때

건배.
Cheers!

Prost!
프로스트

건배.
Cheers!

Prosit!
프로-짙

건배./건강을 위하여.
Good health!

Zum Wohl!
프   보-ㄹ

당신의 건강을 위하여 건배합시다.
Let's drink to your good health!

Trinken wir auf Ihr Wohl!
트링캔   비어 아우프 이-어 보-ㄹ

너의 건강을 위하여.
To your health!

Auf deine Gesundheit!
아우프 다이내 개준트하이트

당신의 성공을 위하여.
To your success!

Auf Ihren Erfolg!
아우프 이어랜 애어폴크

당신의 사업을 위하여.
To your business!

Auf Ihre Geschäfte!
아우프 이어래 개섀프태

사업을 위하여.
To your business!

Auf das Geschäft!
아우프 다스 개섀프트

당신을 위하여.
To you!

Auf Sie!
아우프 지-

당신의 건강을 위하여.
To your health!

Auf Ihr Wohl!
아우프 이-어 보-ㄹ

우리의 우정을 위하여.
To our friendship!

Auf unsere Freundschaft!
아우프 운저래   프로인트샤프트

원만한 협력을 위하여.
Here's to a fruitful collaboration.

Auf gute Zusammenarbeit!
아우프 구-태 추잠맨아르바이트

9. 절기를 축하할 때

즐거운 성탄.
Merry christmas!

Frohe Weihnachten!
프로-애 바이낙흐탠

즐거운 성탄./메리 크리스마스.
Merry christmas!

Frohes Weihnachtsfest!
프로-애스 바이낙흐츠패스트

즐거운 새해가 되십시오.
Happy New Year!

Frohes Neues Jahr!
프로-애스 노이애스 야-

새해 복 많이 받으세요.
Happy New Year!

Glückliches Neues Jahr!
글뤼클릭해스 노이애스 야-

새해 복 많이 받으세요.
Happy New Year!

Ein glückliches neues Jahr!
아인 글뤼클릭해스 노이애스 야-

새해를 맞아 만사형통 하시기를 바래요.
All the best for the New Year!

Alles Gute zum Neuen Jahr!
알래스 구-태 춤 노이앤 야-

좋은 새해가 되십시오.
I wish you a happy New Year!

Guten Rutsch ins neue Jahr!
구-탠 룻취 인스 노이애 야-

즐거운 성탄과 새해 복 많이 받으세요.
Marry christmas and happy New Year!

Frohe Weihnachten und alles Gute zum neuen Jahr!
프로애 바이낙흐탠 운트
알래스 구-태 춤 노이앤 야-

기쁜 성탄과 행복한 새해가 되십시오.
Marry christmas and happy New Year!

Fröhlich Weihnachten und ein glückliches Neues Jahr!
프뢰-ㄹ리히 바이낙흐탠
운트 아인 글뤼클릭해스
노이애스 야-

축하하기

새해를 맞아 건배.
Cheers for a New Year!

Prost Neujahr!
프로스트 노이아-

즐거운 부활절.
Happy Easter!

Frohe Ostern!
프로-애   오스턴

즐거운 부활절.
Happy Easter!

Ein frohes Osterfest!
아인 프로-애스 오스터패스트

10. 기원할 때

회복을 빕니다.
Get well soon!

Gute Besserung!
구-태   뱃서룽

다시 곧 건강해 지시길 바래요.
Get well soon!

Werde schnell wieder gesund!
배르데   슈넬   비-더 개준트

즐거운 자동차 여행이 되기 바랍니다.
Good drive!

Gute Fahrt!
구-태   파-르트

여행 잘 하고 오십시오.
Have a good journey!

Gute Reise!
구-태   라이재

주말 잘 보내시기 바랍니다.
Enjoy the weekend!

Schönes Wochenende!
쇠-내스   복핸앤대

휴일 잘 보내십시오.
Have a good holiday!

Schöne Feiertage!
쇠-내   파이어타-개

휴일 잘 보내십시오.
Enjoy a good holiday!

Schönen Feiertag!
쇠-낸   파이어타-ㄱ

방학 잘 보내십시오.
Have a good vacation!

Schöne Ferien!
쇠-내   패-리언

휴가 잘 보내십시오.
Have a good vacation!

멋진 휴가 보내시기 바랍니다.
I hope you a good vacation!

Schönen Urlaub!
쇠-낸   우얼라웁

Ich wünsche Ihnen einen schönen Urlaub!
이히   뷘셰   이-낸
아이낸 쇠-낸   우얼라웁

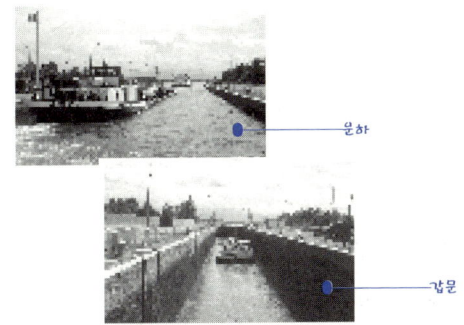

운하

갑문

축하하기

10 외국어 구사능력 묻기

독일어 하십니까?
Do you speak German?

Sprechen Sie Deutsch?
슈프래현   지- 도이취

독일어 할 수 있습니까?
Can you speak German?

Können Sie Deutsch?
쾐낸   지- 도이취

여기 누군가 독일어 하는 분 계셔요?
Is there anyone who speaks German.

Spricht hier jemand Deutsch?
슈프리히트   히-어   예만트
도이취

여기 누가 독일어 하시지요?
Who can speak here German.

Wer spricht hier Deutsch?
베-어   슈프리히트   히-어
도이취

저는 독일어를 잘 못합니다.
I don't speak much German.

Ich spreche nur ein wenig Deutsch.
이히 슈프래해   누-어   아인
베-니히 도이취

저는 독일어를 조금 합니다.
I speak German only a little.

Ich spreche nur ein bisschen.
이히 슈프래해   누-어   아인
빗스현

저는 독일어를 아주 조금 합니다.

Ich spreche nur sehr wenig Deutsch.

I speak very little German.	이히 슈프래혀 누-어 제-어 베-니히 도이취
그것을 다시 말씀해 주실 수 있어요? Can you repeat it, please?	**Können Sie es bitte wiederholen?** 쾐낸 지- 애스 빗태 비-더홀랜
좀더 천천히 말씀해주시겠어요? Could you speak more slowly, please?	**Würden Sie bitte langsamer sprechen?** 뷔르댄 지- 빗태 랑자-머 슈프래현

로마시대 경찰

외국어 구사능력 묻기

11 상대의 말을 이해하지 못할 때

상대의 말을 이해하지 못할 때

뭐라고요?
Pardon?

Bitte?
빗태

뭐라고요?/무슨 말씀이시죠?
I beg your pardon?

Wie bitte?
비- 빗태

뭐라고 말씀하셨지요?
Pardon, what did you say?

Wie meinten Sie?
비- 마인탠 지-

천천히 말씀하세요.
Please (say) slowly.

Bitte langsam!
빗태 랑자-ㅁ

좀더 천천히 말씀하세요.
Please (say) more slowly.

Bitte etwas langsamer!
빗태 애트밧스 랑자-머

좀더 천천히 말씀하세요.
A alttle slowly..

Langsamer bitte!
랑자-머 빗태

너무 빨리 말씀하시지 마세요.
Please don't say so fast.

Bitte nicht so schnell!
빗태 니히트 조- 슈낼

그렇게 빨리 말씀하시지 마십시오.
Please don't speak too fast.

Bitte sprechen Sie nicht so schnell!
빗태 슈프랫헌 지- 니히트 조- 슈낼

한번 더 말씀해 주세요.
Once more, please.

Noch einmal, bitte!
녹흐 아인마-ㄹ 빗태

그것을 한번 더 말씀해 주세요.
Would you please say that again?

Sagen Sie das bitte noch einmal!
자-갠 지- 닷스 빗태 녹흐 아인마-ㄹ

그것을 한번 더 반복해 주실 수 있나요?
Could you repeat that again?

Können Sie das noch einmal wiederholen?
쾬낸 지- 닷스 녹흐 아인마-ㄹ 비-더호-ㄹ랜

좀 더 천천히 말씀해 주실 수 있습니까?
Could you please speak more slowly?

Könnten Sie bitte etwas langsamer sprechen?
쾬탠 지- 빗태 애트바스 랑자-머 슈프랫헌

당신의 말씀을 이해하지 못하겠습니다.
I am afraid I don't understand you.

Ich verstehe Sie nicht.
이히 패어슈테-어 지- 니히트

제가 당신의 말씀을 알아 듣지 못했습니다.
I'm sorry, but I couldn't quite hear you.

Ich habe Sie nicht gehört.
이히 하-배 지- 니히트 개회르트

저는 그것을 이해하지 못했습니다.
I'm sorry, but I haven't understand that.

Ich habe das nicht verstanden.
이히 하-배 닷스 니히트 패어슈탄댄

뭐라고 말씀하셨지요?
What did you say?

Was haben Sie gesagt?
바스 하-밴 지- 개자-ㄱ트

좀 더 크게 말씀해 주시겠습니까?
Would you speak a little louder?

Bitte sprechen Sie etwas lauter!
빗태 슈프렛헨 지- 애트밧스 라우터

죄송합니다. 성함이 뭐였지요?
I'm sorry. What was your name?

Entschuldigung, wie war Ihr Name?
앤트슐디궁 비- 바- 이-어 나-매

무슨 말인지 알아들었어?
Did you get that?

Hast du das mitgekriegt?
하스트 두- 다스 밑개크리-ㄱ트

난 그것을 알아듣지 못했어.
I didn't get that.

Das habe ich nicht mitgekriegt.
다스 하-배 이히 니히트 밑개크리-ㄱ트

난 그것을 알아듣지 못했습니다.
I didn't get that.

Das habe ich nicht mitbekommen.
다스 하-배 이히 니히트 밑배콤맨

다시 말씀해 주시겠습니까?
Could you repeat that, please?

Könnten Sie das bitte wiederholen?
쾬탠 지- 다스 빗태 비-더호-ㄹ랜

그것이 무슨 뜻인지요?
What do you mean by that?

Was meinen Sie damit?.
바스 마이낸 지- 다밑

그것은 무슨 뜻이지요?
What does it mean?

Was bedeutet das?
바스 도이태트 다스

오래된 건물

12 칭찬

칭찬

좋아.
Good.

Gut!
구-트

좋아.
O.K.

O.K!
오-케이

정말 좋구나.
Wonderful.

Wunderbar!
분더바-

잘 됐어.
All right.

Alles in Ordnung.
알래스 인 오르드눙

잘했어.
Bravo.

Bravo!
브라보

잘했어.
Well done.

Gut gemacht!
구-트 개막흐트

잘했어.
Prima.

Prima!
프리-마

훌륭해.
Super.

Klasse!
클랏새

환상적이야.
Fantastic.

최고야.
Excellent.

끝내주는군, 최고야.
Terrific

멋있어.
Lovely.

잘 했어.
Good for you.

그거 정말 훌륭하구나.
That is really great.

너 정말 잘하는구나.
You are really good at that.

그거 정말 멋진데요.
That really is beautiful.

정말 친절하십니다.
It's very nice of you.

Fantastisch!
판타스티쉬

Ausgezeichnet!
아우스개차이히내트

Super!
주-퍼

Schön!
쇠-ㄴ

Alle Achtung.
알래 악흐통

Das ist großartig.
다스 이스트 그로-스아-르티히

Wie gut du das kannst!
비- 구-ㅌ 두- 다스 칸스트

Mensch ist das schön!
맨쉬 이스트 다스 쇠-ㄴ

Das ist aber nett!
다스 이스트 아-버 탵

라인강과 화물선과 포도밭

정말 친절하십니다. It's very kind of you.	Sehr freundlich von Ihnen. 제-어 프로인틀리히 폰 이-낸
대단히 아름다워 보이십니다. How wonderful you look!	Sie sehen ja sehr schön aus. 지- 제-언 야- 제-어 쇠-ㄴ 아우스
당신 정말 멋져 보여요. You look very wonderful.	Sie sehen sehr schick aus. 지- 제-언 제-어 쉭 아우스
독일어를 참 잘하는군요. You speak German very well.	Sie sprechen sehr gut Deutsch. 지- 슈프랜헌 제-어 구-ㅌ 도이취
당신은 정말 유창하게 말씀하시는군요 You are almost fluent already.	Sie sprechen ja schon fast fließend. 지- 슈프래헌 야- 쇼-ㄴ 파스트 플리-쌘트
그 블라우스는 당신에게 참 잘 어울립니다. That's nice blouse you're wearing.	Die Bluse passt gut zu Ihnen. 디- 블루-재 팟스트 구-ㅌ 추-이-낸
그 치마가 네게 잘 어울려. The skirt suit you.	Der Rock steht dir gut. 데-어 록 슈테-ㅌ 디-어 구-ㅌ
너희 집 참 좋구나. What a lovely home you have!	Ich finde deine Wohnung sehr schön. 이히 핀대 다이내 보-눙 제-어 쇠-ㄴ
난 당신의 양복이 너무 마음에 들어요. I really like your suit.	Ich mag Ihren Anzug. 이히 막 이어랜 안추-ㄱ
나는 그것이 마음에 들어요. I like it very well.	Das gefällt mir sehr gut. 다스 개팰트 미-어 제-어 구-ㅌ

칭찬

13 질문형식

I. 부가의문문

당신은 뮐러 씨 맞지요?
You are Mr. Müller, aren't you?

Sie sind Herr Müller, nicht wahr?
지- 진트 해어 뮐러 니히트 바-

한국에서 오셨군요?
You're from Korea, aren't you?

Sie sind aus Korea, nicht?
지- 진트 아우스 코레-아 니히트

정말 날씨가 좋습니다.
It's a wonderful weather, isn't it?

Es ist herrliches Wetter, nicht?
애스 이스트 해얼리해스 뱃터 니히트

날씨가 좋지요?
Nice day, isn't it?

Schönes Wetter, nicht?
쇠-내스 벳터 니히트

패 복잡한 문제군요.
It's a pretty delicate problem, isn't it?

Das ist ein kompliziertes Problem, nicht?
다스 이스트 아인 콤플리치어태스
프로블램 니히트

당신은 이미 자새 씨를 알고 있지요?
You know Mr. Sasse, don't

Herrn Sasse kennen Sie schon, nicht wahr?
해른 자새 캔낸 지-

you?

너무 비싼 것 같지 않아요?
I think it's pretty expensive,

Das ist zu teuer, glauben Sie nicht?
다스 이스트 추- 토이어 글라우밴 지- 니히트

쇼-ㄴ   니히트   바-

당신은 베를린으로 가려고 하시지요?
You will go to Berlin, won't you?

Sie wollen nach Berlin fahren, nicht wahr?
지- 볼랜   나-ㄱ흐 배를리-ㄴ 파-랜   니히트   바-

좀 쉬지 않겠어요?
Let's take a break, shall we?

Machen wir mal Pause, oder wollen Sie nicht?
막핸   비-어 마-ㄹ 파우재 오더 볼랜   지- 니히트

질문형식

독일어는 영어같이 부가의문문이 don't you, can't you, isn't you등으로 이루어지지 않고 nicht?/ nicht wahr?/ finden Sie nicht?/glauben Sie nicht? 등으로 단순히 쓰인다.

2. 의문사 없는 의문문

당신은 대학생입니까?
Are you a student?

Sind Sie Student?
진트 지- 슈투-댄트

의문사가 오지 않는 의문문은 상대방에게 Ja, nein을 기대하는 의문문으로서 말끝을 올려준다. 의문사가 없는 의문문은 흔히 동사를 앞에 두어 주어와 동사를 도치시킨다. 부정으로 묻는 말을 부정할 때는 doch를 쏜다.

당신은 학교에 다닙니까?
Do you go to university?

Gehen Sie zur Universität?
게-언   지- 추어 우니버지태트

좀 도와 드릴까요?
May I help you?

Darf ich Ihnen helfen?
다르프 이히 이-낸 핼팬

이번이 독일 여행 처음입니까?
Is this your first journey to German?

Ist das Ihre erste Reise nach Deutschland?
이스트 다스 이어래 애어스태 라이재
나-ㄱ흐 도이췰란트

제가 그에게 물어봐야 합니까?
Must I ask him?

Muss ich ihn fragen?
못스 이히 이-인 프라-갠

아침에는 커피를 마시지 않습니까?
Don't you have coffee in the morning?

Trinken Sie keinen Kaffee am Morgen?
트링켄 지- 카이낸
카페- 암 모르갠

⇨ 예, 안 마십니다.
No, I don't.

⇨ Nein. Ich nehme keinen Kaffee.
나인 이히 네-매
카이낸 카페-

⇨ 아니오, 저는 커피를 즐겨 마십니다.
Yes, I like coffee.

⇨ Doch. Den nehme ich gern.
독흐 데-ㄴ 네-매 이히 개른

좀 더 머무를 수 없나요?
Can't you stay a little longer!

Können Sie nicht noch länger bleiben?
쾬낸 지- 니히트 녹흐
랭어 블라이밴

⇨ 예, 그러지 못할 것 같습니다.
I am afrais that I can't.

⇨ Nein, ich fürchte, ich kann nicht.
나인 이히 퓌르흐태 이히
칸 니히트

라인강과 화물선

3. 의문사 있는 의문문

내 구두가 어디 있지요?
Where are my shoes?

Wo sind meine Schuhe?
보- 진트 마이내 슈-어

성함이 무엇입니까?
What is your name?

Wie heißen Sie?
비- 하잇샌 지-

이 사람이 누구인지 아십니까?
Do you know who this is?

Wissen Sie, wer das ist?
빗샌 지- 베-어 다스 이스트

그녀가 누구인지 아십니까?
Do you know who she is?

Wissen Sie, wer sie ist?
빗샌 지- 베-어 지- 이스트

14 예/아니오

Ja와 Nein

독일어 하십니까?
Do you speak German?

Sprechen Sie Deutsch?
슈프랫현   지- 도이취

예.
Yes, I do.

Ja.
야

그에게 안부 좀 전해주십시오.
Say hello to him.

Grüßen Sie ihn von mir!
그뤼-ㅅ샌   지- 이-인 폰   미어

예, 그렇게 하겠습니다.
Yes, I will do (certainly) that.

Ja, (das) mache ich (gern).
야 (다스)   막허 이히 (개른)

(그것을) 이해합니까?
Do you understand it?

Verstehen Sie das?
패어슈테언   지- 다스

예, 물론 입니다.
Yes, of course.

Ja, natürlich.
야 나튀얼리히

질문 있어요?
Do you have any question.

Haben Sie noch eine Frage?
하-밴   지- 녹흐 아이내 프라개

예, 있습니다.
Yes, I have.

Ja.
야

> 독일어에서는 Ja 라고만 말해야하는 경우가 많다. 영어처럼 뒤에 군더더기 말이 필요없다.

저 남자 알아요?
Do you know that man?

Kennen Sie den Mann da?
캔낸 지- 데-ㄴ 만 다-

아니오, 나는 그를 모릅니다.
No, I don't know him.

Nein, ich kenne ihn nicht.
나인 이히 캔내 이-인 니히트

너 모니카 알고 있니?
Do you know Monika?

Kennst du Monika?
캔스트 두- 모니카

아니, 나는 아직 그녀를 몰라.
No, I don't know her yet.

Nein, ich kenne sie noch nicht.
나인 이히 캔내 지- 녹흐 니히트

오늘 시간 있어요?
Do you have a time today?

Haben Sie heute Zeit?
하-밴 지- 호이태 차이트

아니오. 저는 시간이 없습니다.
No, I have no time.

Nein, ich habe keine Zeit.
나인 이히 하-버 카이내 차이트

이 사람은 누구입니까?
Who is this?

Wer ist das?
베-어 이스트 다스

전혀 아는 바가 없습니다.
Not, at all.

Keine Ahnung.
카이내 아-눙

그가 벌써 사무실에 있나요?
Is he already staying in the office?

Ist er schon im Büro?
이스트 에-어 쇼-ㄴ 임 뷔로-

아니오, 아직 안왔습니다.
No, he isn't.

Nein, noch nicht.
나인 녹흐 니히트

모르는데요.
[아닌 것 같아요].
I think not.

Ich glaube nicht.
이히 글라우배 니히트

2. Ja를 의미하는 Nein

예·아니오

커피를 싫어하지요?
You do not like coffee, is it?

Sie mögen keinen Kaffee, nicht?
지- 뫼-갠 카이낸
카페- 니히트

예. 싫어합니다.
No. I don't.

Nein.
나인

커피 한잔 더 들지 않겠습니까?
Won't you have another cup of coffee?

Möchten Sie nicht noch einen Kaffee?
뫼히탠 지- 니히트 녹흐
아이낸 카페-

아니오. 괜찮아요.
No, thank you.

Nein, danke.
나인 당캐

이제 됐어요?
No more?

Nicht mehr?
니히트 메-어

예, 이제 됐어요.
No, thank you, no more.

Nein, nicht mehr.
나인 니히트 메-어

일본인이 아니군요?
Your aren't Japanese, are you?

Sie sind kein Japaner?
진트 지- 카인 야파-너

예. 아닙니다. 저는 한국인입니다.
No, I'm not. I'm Korean.

Nein, ich bin Koreaner.
나인 이히 빈 코레아-너

그의 주소를 모릅니까?
Don't you know his address?

Kennen Sie seine Adresse nicht?
캔낸 지- 자이내 아드랫새 니 히트

예, 잊었습니다.
No, I'm afraid I have forgotten.

Nein, die habe ich vergessen.
나인 디- 하-버 이히 퍼어갯샌

여동생은 없습니까?
Don't you have a sister?

Haben Sie keine Schwester?
하-밴 지- 카이내 슈배스터

아니오. 없습니다.
No, I don't.

Nein.
나인

갈 수 없어요?
Can't you come?

Können Sie nicht kommen?
캔낸 지- 니히트 콤맨

예, 갈 수 없는데요.
No, I'm afraid I can't.

Nein, ich fürchte, Ich kann nicht kommen.
나인 이히 퓌르흐태 이히 칸 니히트 콤맨

그는 시험에 떨어질 것 같아요.
I'm afraid he won't pass the exam.

Ich fürchte er wird das Examen nicht bestehen.
이히 퓌르흐태 에-어 비어트 다스 엑사-맨 니히트 배슈태-ㄴ

예, 그도 알고 있어요.
No, he knows he won't.

Ja, er weiß das auch.
야 에-어 바잇스 다스 아욱흐

예 · 아니오

라인강의 유람선

3. 부정을 부정하는 Doch

커피를 싫어하지요?
You do not like coffee, is it?

Sie mögen keinen Kaffee, nicht?
지- 뫼-갠 카이낸
카페- 니히트

아니오. 괜찮아요.[좋아합니다]
No, thank you.

Doch. Danke.
독흐 당캐

당신은 술을 안마시지요?
You don'drink alcohol, do you?

Sie trinken keinen Alkohol, stimmt das?
지- 트링캔 카이낸
알코-홀 슈팀트 다스

아니오. 즐겨 마십니다.
Yes, I do. I drinke gradly.

Doch. Ich trinke gern.
독흐 이히 트링캐 개른

저와 함께 가고 싶지 않으세요?
Wouldn't you like to go with me?

Wollen Sie nicht mit mir gehen?
볼랜 지- 니히트 밑 미어
게-언

아니오, 가고 싶어요.
Yes, I would.

Doch.
독흐

남동생이 없지요?
You have no brother, do you?

Sie haben keinen Bruder, nicht?
지- 하-밴 카이낸 브루-더
니히트

아니오. 한 명 있어요.
Yes, I have one.

Doch. Ich habe einen.
독흐 이히 하-배 아이낸

15 긍정이나 동의를 나타내는 표현

I. 긍정이나 동의를 나타내는 표현

예, 맞아요.
Yes, right.

Ja, richtig.
야 리히티히

맞아요.
Sure.

Stimmt.
슈팀트

맞아요.
Exactly.

Bestimmt.
배슈팀트

확실해요.
Sure.

Sicher.
짓혀

명백해요.
Certainly.

Klar.
클라

틀림없어요.
Surely.

Ganz klar.
간츠 클라

물론입니다.
Of course.

Natürlich.
나튀-얼리히

자명하군요.
Of course.

Selbstverständlich.
젤프스트패어슈탠틀리히

예, 물론입니다.
Yes, of course.

Ja, natürlich.
야 나튀-얼리히

예, 물론입니다.
Yes, of course.

Ja, selbstverständlich.
야 젤프스트패어슈탠틀리히

그렇고 말고요.
Exactly.

Eben.
에-밴

그렇고 말고요.
Exactly.

Na eben.
나 에-밴

그런 것 같아요.
I think so.

Ich glaube ja.
이히 글라우배 야

당신 (말씀)이 옳아요.
You are right.

Sie haben Recht.
지- 하-밴 래히트

아마도 그런 것 같아요.
Yes, probably.

Vielleicht ja.
피-ㄹ라이히트 야

물론입니다.[당연합니다.]
Why not?

Warum nicht?
바-룸 니히트

물론입니다.
Sure enough.

Tatsächlich.
타-ㅌ잿힐리히

2. 맞장구칠 때

맞아요.
That's right.

Eben!
에-밴

맞아요/옳아요.
Quite right.

Ganz recht!
간츠 래히트

그럼/ 그렇지.
Exactly.

맞아요/ 그래요.
Right.

맞아요./틀림없어요.
Sure.

맞아요/옳아요.
True./right.

나도 그렇게 생각해요.
I think so.

맞아요.
It is right.

그게 맞아요.
It is right.

그 점에 있어서 네가 옳아.
You are right in that case.

전적으로 옳아요.
That's all right.

당신 말씀이 맞아요.
You're right.

당신 말씀이 옳아요.
I guess you're right.

당신이 전적으로 옳아요.
You are quite right.

당신이 전적으로 옳았어요.
You were quite right.

바로 그거예요.
Absolutely.

Genau!
개나우

Richtig!
리히티히

Sicher!
짓혀

Stimmt!
슈팀트

Das finde ich auch.
다스 핀대 이히 아우흐

Das stimmt.
다스 슈팀트

Das ist richtig.
다스 이스트 리히티히

Da hast du Recht.
다 하스트 두- 래히트

Völlig richtig.
푈리히 리히티히

Sie haben Recht.
지- 하-밴 래히트

Da haben Sie Recht.
다 하-밴 지- 래히트

Sie haben ganz Recht.
지- 하-밴 간츠 래히트

Sie hatten ganz Recht.
지- 하탠 간츠 래히트

Ganz genau.
간츠 개나우

긍정이나 동의를 나타내는 표현

저도 그렇게 생각해요.
I think so, too.

Das habe ich auch gefunden.
다스 하-배 이히 아욱흐 개푼댄

알았어.
All right.

Einverstanden.
아인패어슈탄댄

3. 동의 할 때

긍정이나 동의를 나타내는 표현

저는 당신 생각과 같아요.
That's just what I think.

Ich bin Ihrer Meinung.
이히 빈 이어러 마이눙

나는 너의 의견에 찬성해.
I'm of the same opinion as you.

Ich bin deiner Meinung.
이히 빈 다이너 마이눙

동의합니다.
I agree with you.

Ich stimme mit Ihrer Meinung überein.
이히 슈팀매 미트 이어러
마이눙 위-버라인

나는 당신 생각에 전적으로 동의합니다.
I agree absolutely with you.

Ich bin mit Ihnen ganz einer Meinung.
이히 빈 밑 이-낸 간츠 아이너 마이눙

이 문제에 있어 저는 그와 의견이 일치합니다.
I agree with him oh this problem.

In dieser Frage stimme ich mit ihm überein.
인 디-저 프라-개 슈팀매
이히 밑 이-ㅁ 위-버라인

나는 이의 없습니다.
I can't argue with that.

Meinetwegen.
마이내트베-갠

당신은 헬무트가 누구인지 알아요, 그렇죠?
But you know surely, who Helmut is, don't you?

Sie wissen sicherlich, wer Helmut ist, oder?
지- 빗샌 짓혈리히
베-어 핼무트 이스트 오-더

그것에 대해 찬성합니까?
Do you agree to this.

Sind Sie dafür?
진트 지- 다퓌-어

저는 그것에 찬성합니다.
I agree to that.

Ich bin dafür.
이히 빈 다퓌-어

나는 그의 제안에 찬성합니다.
I'm for his proposal.

Ich bin für seinen Vorschlag.
이히 빈 퓌-어 자이낸 포-어슐락

나는 자동차를 구입하는데 찬성합니다.
I am in favour of buying a car.

Ich bin für den Kauf eines Wagens.
이 빈 퓌-어 덴 카우프 아이내스 바-갠스

우리는 다음주에 다시 만나기로 하는데들 동의했다.
It was finally agreed we would meet again the next week.

Wir kamen schließlich überein, uns noch einmal in der nächsten Woche zu treffen.
비어 카맨 슐릿슬리히 위-버라인 운스 녹흐 아인마-ㄹ 인 데어 낵스탠 복해 추- 트래팬

로렐라이

16 반대, 거절

1. 반대를 나타낼 때

안돼.
Oh no.

말도 안돼.
Surely not.

절대 그렇지 않아요.
Never.

절대 그렇지 않아요.
Definitely not.

결코 그렇지 않아요.
By no means.

어쨌든 그렇지 않아요.
No way!

그건 맞지 않아요.
It's wrong.

아니오, 그렇지 않아요.
No, that's not right.

Aber nein.
아-버 나인

Unsinn!
운진

Niemals!
니-마-ㄹ스

Ganz bestimmt nicht!
간츠   배슈팀트   니히트

Keineswegs!
카이내스베-ㄱ스

Auf keinen Fall.
아우프 카이낸   팔

Das stimmt nicht.
다스 슈팀트   니히트

Nein, das stimmt nicht.
나인   다스 슈팀트   니히트

난 그렇게 생각지 않아요.
I don't think so.

Das glaube ich nicht.
다스 글라우배   이히 니히트

아니오, 그 반대인 걸요.
On the contrary.

Im Gegenteil.
임   게-갠타일

당신이 틀렸습니다.
You're wrong.

Das ist falsch.
다스   이스트 팔쉬

당신 생각이 틀린 것 같아요.
I think you're wrong.

Ich glaube, Sie irren sich.
이히 글라우배   지- 이랜   지히

그렇게 하는 것은 옳지 않아요.
It isn't right to do such a thing.

Das kann nicht stimmen.
다스   칸   니히트   슈팀맨

반대 · 거절

당신 의견에 찬성할 수가 없습니다.
I can not approve of your opinion.

Ich kann Ihnen da nicht zustimmen.
이히 칸   이-낸   다- 니히트 추-슈팀맨

그 문제에 있어 나는 당신과 의견이 다릅니다.
I'm certainly not in favor of that.

Darüber bin ich anderer Meinung.
다뤼-버   빈   이히 안더러 마이눙

그의 의견은 다릅니다.
He disagrees.

Er ist aber anderer Absicht.
애어 이스트 아-버 안더러 압짓히트

나는 그것을 대단하게 여기지 않아요.
I don't think much of that.

Davon halte ich nicht viel.
다폰   할태   이히 니히트 피-ㄹ

아니오, 감사합니다.
No, thank you.

Nein, danke.
나인   당캐

105

2. 거절을 나타낼 때

호의는 감사합니다만 괜찮습니다.
That's very kind, but no thanks.

Das ist freundlich, aber danke nein.
다스 이스트 프로인틀리히   아-버
당캐   나인

그대도 감사합니다.
Thanks all the same though.

Trotzdem, vielen Dank.
트로츠데-ㅁ   피-ㄹ랜   당크

사실은 좋아하지 않습니다.
I don't really want to.

Ich möchte eigentlich nicht.
이히 외히태   아이갠틀리히 니히트

고맙습니다만, 사실은 아무 것도 원치 않습니다.
I don't really want to one, thanks.

Danke, ich möchte eigentlich keins./keinen./keine.
당캐   이히   외히태
아이갠틀리히 카인스/카이낸/카이내

고맙습니다만 제게는 주지 마십시오.
For not me thanks.

Für mich nicht, danke.
퓌-어 미히   니히트   당캐

뤼더스 하임의 골목

고맙습니다만 지금은 안 됩니다.
Not right now thanks.

Im Moment nicht, danke.
임   모멘트   니히트   당캐

아니오, 흥미 없어요.
No, I'm not interested.

Nein, danke, keine Interesse.
나인   당캐   카이내 인터렛새

이미 아니라고 말했는데요.
I said no!

Ich sagte bereits, nein!
이히 작태   배라이츠   나인

우리는 그러한 특권은 원칙적으로 거절합니다.
We are fundamentally opposed to such a privileges.

Wir lehnen solche Privilegien grund-sätzlich ab.
비어   레-낸   졸해
프리빌레-기앤 그룬트재츨리히 압

반대 · 거절

성에서 본 라인강

17 의견 · 생각을 물을 때

의견 · 생각을 물을 때

혹시 볼펜 갖고 계세요?
Du you happed to have a ballpoint pen?

Haben Sie zufällig einen Kuli dabei?
하-밴 지- 추-팰리히 아이낸 쿨-리 다바이

혹시 그 사람에 대해서 들으셨나요?
Do you happed to hear about him?

Haben Sie zufällig von ihm gehört?
하-밴 지- 추-팰리히 폰 이-임 개회르트

드라이브하는 게 어때요?
How about driving a car?

Wie wär's mit einer der Fahrt?
비- 배르스 밑 아이너 파-르트

영화관에 가는 게 어때요?
How about going to the cinema?

Wie wär's mit einem Kinobesuch?
비- 배르스 밑 아이냄 키-노배주-ㄱ흐

그녀와 한번 더 이야기를 나누는 게 어떻겠습니까?
How about speaking with her once more?

Wie wäre es, wenn Sie doch noch einmal mit ihr sprechen würden.
비- 배르 애스 벤 지- 독흐 녹흐 아인

108

영화관에 간다면 어때요?
What would you say if we go to a cinema?

제가 담배 피워도 괜찮습니까?
Do you mind my smoking?

제가 문을 닫아도 괜찮습니까?
Do you mind if I close the door?

왜 하필이면 영화관에 가려고 하니?
Why do you want to go to a cinema?

어떻게 생각하세요?
What do you think of it?

당신은 그것을 어떻게 생각합니까?
What do you think about that?

그렇게 생각하니?
Do you think so?

넌 어떻게 생각하니?
How do you think about?

그렇게 생각하세요?
Do you think so?

마-ㄹ 밑 이-어 슈프래현 뷔르맨

Wie wär's, wenn wir ins Kino gehen wüurden?
비- 배르스   벤   비-어 인스
키-노 게-언   뷔르댄

Macht es Ihnen etwas aus, wenn ich rauche?
막흐트   애스 이-낸   애트바스
아우스 벤   이히 라욱허

Macht es Ihnen etwas aus, wenn ich die Tür zumache?
막흐트   애스 이-낸   애트바스
아우스 벤 이히 디 튀-어 추-막허

Warum willst du denn ausgerechnet ins Kino gehen?
바룸   빌스트   두-   덴
아우스개레히내트 인스 키-노 게-언

Was meinen Sie?
바스   마이낸   지-

Was meinen Sie dazu?
바스   마이맨   지- 다추-

Meinst du?
마인스트   두-

Was meinst du?
바스   마인스트   두

Finden Sie?
핀댄   지-

의견 · 생각을 물을 때

나는 만프래트를 좋은 친구라고 생각해.
I think of Manfred as a good friend.

Ich halte Manfred für einen guten Freund.
이히 할태 만프래트 퓌-어 아이낸 구-탠 프로인트

네가 오늘 올 수 있다고 생각하니?
Do you think, you can come today?

Meinst du, dass du heute kommen kannst?
마인스트 두- 닷스 두- 호이태 콤맨 칸스트

당신 생각은 어떻습니까?
What kind of opinion do you hold?

Welcher Meinung sind Sie?
밸혀 마이눙 진트 지-

당신 누구 의견에 동의하십니까?
Who do you agree with?

Wessen Meinung sind Sie?
뱃쌘 마이눙 진트 지-

어떻게 그렇게 생각하시지요?
What makes you think so?

Wie kommen Sie darauf?
비- 콤맨 지- 다라우프

우리가 그것을 해야 될 것 같아요.
I think we should do it.

Ich meine, das sollten wir machen.
이히 마이내 다스 졸탠 비-어 막헌

의견 · 생각을 물을 때

광장

18 추측, 가정

I. 추측을 나타낼 때

내가 몇 살인지 알아맞혀 보세요.
Guess how old I am.

Wie alt schätzen Sie mich?
비- 알트 섀챈 지- 미히

그는 대충 몇 살쯤 됐을까요?
Guess how old he is.

Wie alt schätzen Sie ihn?
비- 알트 섀챈 지- 이-인

대충 짐작해 보세요.
Give me a wild guess.

Raten Sie mal!
라-텐 지- 마-ㄹ

그녀는 몹시 바쁜 것 같아요.
I guess, she is very busy.

Ich vermute, sie ist sehr beschäftigt.
이히 패어무-태 지- 이스트 제-어 배섀프틱트

그런 것 같아요.
I guess so.

Ich vermute ja.
이히 패어무-태 야-

레나텐 틀림없이 집에 있을 거야.
Renate must be at home.

Renate muss zu Hause sein.
레나-태 뭇스 추- 하우재 자인

111

헬가는 집에 있을 겁니다.
Helga may perhaps be at home.

Helga wird zu Hause sein.
헬가 비어트 추- 아우재 자인

어쩌면 내일 비가 올지도 몰라요.
It may rain tomorrow.

Morgen wird es wohl regnen.
모르갠 비어트 애스 보-ㄹ 레-그낸

난 그녀가 그것을 알고 있을 거라는 생각이 들어.
I assume that she knows about it.

Ich nehme an, dass sie davon weiß.
이히 네-매 안 닷스 지-
다폰 바이스

그가 계획에 대해 아무 것도 몰랐을 수도 있어.
It could be that he didn't know anything about the plan

Es könnte sein, dass er nichts von dem Plan gewusst hat
애스 쾐태 자인 닷스 에-어
니히츠 폰 뎀 플란 개붓스트 하트

페터는 그 사건에 대해 아무 것도 알지 못했을 수도 있어.
It is conceivable that he knew nothing of the affair.

Es ist möglich, dass Peter nichts von der Affäre gewusst hat.
애스 이스트 뫼클리히 닷스
페-터 니히츠 폰 데어
아패-래 개붓스트   하트

페터는 그 계획에 대해 아무 것도 알지 못했을지도 몰라.
Peter may perhaps not have known about the plan.

Peter wird vielleicht nichts von dem Plan gewusst haben.
페-터 비어트 필라이히트
니히츠 폰 뎀 플란 개붓스트 하밴

그는 어쩌면 그것을 알고 있을런 지도 모른다.
He will probably know about it.

Er wird wohl davon wissen.
에-어 비어트 보-ㄹ   다폰 비쌘

일요일에는 아마도 다시 비가 올 것이다.
On Sunday it is bound to rain again.

Am Sonntag wird es ja wiederregnen.
암 존타-ㄱ   비어트 애스 아-
비-더 레-그낸

가정할 때

비가 온다면 우리는 등산을 가지 않을 것이다.
If it rains we don't go walking in the mountains.

당신이 내게 전화를 주시면 즉시 오겠어요.
If you call for me, I'll come immediately.

만약 그녀가 나를 사랑한다면 나와 결혼할텐데.
If she loved me, she would marry me.

만약 그가 시내에 있다면 우리를 방문할 것이다.
If he was in town, he would visit us.

Wenn es regnet, gehen wir nicht in die Berge.
밴 애스 레-그내트 게-언
비-어 니히트 인 디 배르개

Wenn Sie mich anrufen, komme ich sofort.
밴 지- 미히 안루-팬
콤매 이히 조포르트

Wenn sie mich liebte, würde sie mich heiraten.
밴 지- 미히 리-ㅂ태
뷔르대 지- 미히 하이라-탠

Wenn er in der Stadt wäre, würde er uns besuchen.
밴 애어 인 데어 슈타트
배-래 뷔르대 에어 운스
배주-ㄱ헌

추측 · 가정

알프스

만약 그가 시내에 있다면 우리를 방문할 것이다.
If he was in town, he would visit us.

Wäre er in der Stadt, so würde er uns besuchen.
배-래 에-어 인 데어 슈타트 조- 뷔르대 애어 운스 배주-ㄱ헌

만약 그가 시내에 있었다면 우리를 방문했을 텐데.
If he had been in town, he would have visited us.

Wenn er in der Stadt gewesen wäre, hätte er uns besucht.
벤- 에어 인 데어 슈타트 개베-잰 배-래 햇태 에-어 운스 배죽흐트

만약 그가 시내에 있었다면 우리를 방문했을 거야.
If he had been in town, he would have visited us.

Wäre er in der Stadt gewesen, so würde er uns besucht haben.
배-래 에-어 인 데어 슈타트 개베-잰 조- 뷔르대 에-어 운스 배죽흐트 하-밴

추측 · 가정

코렐라이

방식곡

19 선호, 취향

1. 좋아한다

나는 커피를 좋아합니다. I like coffee.	Ich mag Kaffee. 이히 막 카페-
이 포도주 좋아하십니까? I like this wine.	Mögen Sie diesen Wein? 뫼-갠 지- 디-잰 바인
저는 수영하러 가고 싶어요. I like go to swim.	Ich gehe gerne schwimmen. 이히 게-어 개르내 슈빔맨
나는 그것이 좋습니다. I like it.	Das gefällt mir. 다스 개팰트 미-어
나는 여기가 마음에 들어요. I like it here.	Das gefällt mir hier. 다스 개팰트 미-어 히-어
당신은 이것이 마음에 듭니까? Do you like it?	Gefällt Ihnen das? 개팰트 이-낸 다스
이 색깔이 마음에 들어요. I like this color.	Diese Farbe gefällt mir. 디-재 파르배 개팰트 미-어

115

맥주 한 잔 하시겠습니까?
Do you like a glass of beer?

Möchten Sie ein Bier?
뫼히탠   지-   아인 비-어

나는 만프레트를 좋아합니다.
I like Manfred.

Ich mag Manfred.
이히 막   만프래트

나는 너를 사랑해.
I love you.

Ich liebe dich.
이히 리-배 디히

여름에 우리는 바닷가에 가는 걸 좋아합니다.
In summer we always like to go to the seaside.

Im Sommer fahren wir immer gerne ans Meer.
임   좀머   파-랜   비어
임머   개르내   암   에-어

나는 오페라극장에 가는 것을 좋아합니다.
I like to go to the opera.

Ich gehe gern in die Oper.
이히 게-어   개른 인 디 오-퍼

나는 음악회에 가는 걸 더 좋아합니다.
I prefer to go to a concert.

Ich gehe lieber ins Konzert.
이히   게-어   리-버 인스 콘채르트

나는 영화관에 가는 것을 제일 좋아합니다.
I most enjoy going tho the cinema.

Ich gehe am liebsten ins Kino.
이히 게-어   암   리-브스탠   인스
키-노

나는 백포도주만큼이나 적포도주도 좋아한다.
I like red wine as much as white wine.

Ich trinke genauso gerne Rotwein wie Weißwein.
이히 트랭캐   게나우조-   개르내
로-트바인   비-   바이쓰바인

그는 차만틈이나 커피 마시는 것도 좋아하지 않는다.
He dose not like coffee as much as tee.

Er trinkt Kaffee nicht so gern wie Tee.
에-어 트링크트 카페-   니히트   조-
개르내 비-   테-

나는 이탈리아 포도주보다는 독일산 포도주를 좋합니다
I prefer drinking german wine to italian wine.

Ich trinke lieber deutschen als italienischen Wein.
이히 트링캐 리-버
도이챈 알스 이탈리에니샌 바인

2. 싫어한다

나는 포도주를 싫어합니다.
I don't like wine.

Ich mag keinen Wein.
이히 막 카이낸 바인

이 커피를 좋아하지 않습니까?
I like this wine.

Mögen Sie diesen Kaffee nicht?
뫼-갠 지- 디-잰 카-패 니히트

난 그것이 마음에 안들어요.
I don't like it.

Das gefällt mir nicht.
다스 개팰트 미-어 니히트

난 그것이 너무 싫어요.
I don't like the look of that.

Das gefällt mir aber gar nicht.
다스 개팰트 미-어 아-버 가- 니히트

당신은 이것이 마음에 안 듭니까?
Don't you like it?

Gefällt Ihnen das nicht?
개팰트 이-낸 다스 니히트

그녀는 울리히를 좋아하지 않아요.
She doesn't like Ulrich.

Sie mag Ulrich nicht.
지- 막 울리히 니히트

나는 생선먹는 것을 싫어합니다.
I don't like fish at all.

Ich mag Fisch überhaupt nicht.
이히 막 피쉬 위-버하우프트 니히트

선호 · 취향

그녀는 그를 좋아했지만 결혼하기를 원치 않았어요.
She liked him but didn't want to marry him.

Sie mochte ihn, aber heiraten wollte sie ihn nicht.
지 모흐태 이-ㄴ 아-버
하이라텐 볼태 지- 이-ㄴ 니히트

U자곡

카페리

선호 · 취향

20 정보, 지식

정보, 지식

화장실이 어디 있습니까?
Where is the washroom?

Wo ist in der Nähe eine Toilette ?
뽀 이스트 인 데어 내-어 아이내 토알레테

혹시 그 호텔에 수영장이 있는지 아세요?
Do you happen to know if there's a swimming pool at the hotel?

Wissen Sie zufällig, ob es ein Schwimmenbad in dem Hotel gibt?
빗샌 지- 추-팰리히 옵 애스 아인 슈빔맨바-트 인 뎀 호탤

그의 주소를 알고 계십니까?
Do you know his address?

Kennen Sie seine Adresse?
캔낸 지- 자이내 아드랫새

당신은 까닭을 아십니까?
Do you have any idea why?

Wissen Sie die Ursache eigentlich?
빗샌 지- 디 우어작허 아이갠틀리히

그들이 어디 있는지 아십니까?
Do you know where they are?

Wissen Sie, wo sie sind?
빗샌 지- 보- 지- 진트

119

당신은 그의 이름을 아시지요?
You know his name, don't you?

Sie kennen seinen Namen, nicht wahr?
지- 캔낸 자이낸 나-맨 니히트 바-

파티에 대해 들었습니까?
Did you hear about the party?

Haben Sie von der Party gehört?
하-밴 지- 폰 데어 파티 개회르트

볼프 씨 소식 들었습니까?
Have you heard from mr. Wolf?

Haben Sie von Herrn Wolf gehört?
하-밴 지- 폰 해른 볼프 개회르트

이 기계에 대해서 좀 알고 있습니까?
Have you got any idea about this machine?

Kennen Sie sich mit dieser Maschine aus?
캔낸 지- 짓히 미트
디-저 마쉬-내 아우스

당신은 잘 알고 계시는군요.
You informed yourself very well.

Sie sind ja gut informiert.
지- 진트 야- 구-ㅌ
인포미어트

당신은 그것에 대해 잘 알고 있군요.
You informed yourself of that.

Sie sind ja darüber informiert.
지- 진트 야- 다뤼-버 인포미어트

나는 이미 잘 알고 있습니다.
I know already well.

Ich weiß schon Bescheid.
이히 바이쓰 쇼-ㄴ 배샤이트

저는 아직 잘 모릅니다.
I don't know yet.

Ich weiß noch nicht Bescheid.
이히 바이쓰 녹흐 니히트 배샤이트

저는 이미 그를 알고 있습니다.
I already know him.

Ich kenne ihn schon.
이히 캔내 이-ㄴ 쇼-ㄴ

일주일 안에 자세히 알려 드리겠습니다.
I let you know in a week.

Ich gebe Ihnen in einer Woche Bescheid.
이히 게-배 이-낸 인 아이너
복해 배샤이트

당신은 분명히 알고 계실 겁니다.
You certainly know.

Sie wissen es ja sicherlich.
지- 빗샌   애스 야 짓헐리히

저는 모릅니다.
I don't know.

Das weiß ich nicht.
다스 바이쓰 이히 니히트

나는 모르겠어.
I don't know.

Ich weiß nicht.
이히 바이쓰   니히트

모르겠어.
I have no idea.

Ich habe keine Idee.
이히 하-배 카이내 이데-

전혀 몰라요.
I don't have a clue.

Keine Ahnung.
카이내   아-눙

그것에 대해 생각해 보지 않았어요.
I didn't think about it.

Daran habe ich nicht gedacht.
다란   하-배 이히 니히트 개다흐트

그것이 텍스트에 있나요?
Is that (written) in the text?

Steht das im Text?
슈테-트 다스 임   텍스트

신문에 그렇게 났어요.
That's what it says in the newspaper.

So steht das in der Zeitung.
조- 슈테-트 다스 인 데-어 차이퉁

당신은 그 격언을 어디서 들었지요?
Where did you get that saying.

Woher haben Sie denn diesen Ausspruch?
보-해어   하-밴   지- 댄
디-잰   아우스슈프룩흐

벨트(Welt)지에서 알았어요.
I got it from the WELT.

Den habe ich aus der WELT.
데-ㄴ   하-배 이히 아우스 데어 밸트

그는 자기의 몸이 아프다고 말한다.
He says he is sick.

Er sagt, er sei krank.
에-어 작트 에-어 자이 크랑크

Teil 3

활용편

1 기내에서

기내에서

안녕하세요. 이 자리가 어디 있지요?
Good morning, where is this seat?

Guten Morgen, wo ist dieser Platz?
구-탠 모른갠 보- 이스트 디-저 플랏츠

자리번호 31A를 찾는 중입니다.
I'm looking for a seatnumber 31 A.

Ich suche die Sitznummer 31A.
이히 주-ㄱ허 디- 지츠눔머 아인운트드라이씨히 아-

저기 오른 쪽 창가입니다.
It is there at the window.

Das ist da rechts am Fenster.
다스 이스트 다- 래히츠 암 팬스터

안전벨트를 착용하십시오.
Please put on your safty-belt!

Legen Sie bitte Ihren Sicherheitsgurt an!
레-갠 지- 빗태 이어랜 짓혀하이츠구어트 안

실례합니다. 음료수 좀 주실 수 있습니까?
Excuse me, can I have drinks?

Entschuldigung, kann ich mal eine Erfrischung bekommen?

앤트슐디궁 칸
이히 마-ㄹ 아이내 애어프릿슝 배콤맨

오랜지 주스를 원하십니까?
Would you like a juice?

Möchten Sie einen Saft?
뫼히탠 지- 아이낸 자-프트

아니오, 커피를 한 잔 원합니다.
No, I'd like a cup of coffee.

Nein, ich hätte gern einen Kaffee.
나인 이히 햇태 개른 아이낸 카페-

덮개 하나 좀 주십시오.
I want a rug.

Ich möchte eine Decke haben.
이히 뫼히태 아이내 대캐 하-밴

여기서 담배를 피워도 됩니까?
Do you mind if I smoke here?

Macht es Ihnen aus, wenn ich hier rauche?
막흐트 애스 이-낸 아우스 밴 이히 히-어 라욱허

미안합니다만, 여기서는 금연입니다.
I'm sorry, smoking here is forbidden.

Das Rauchen ist hier leider verboten.
다스 라욱헌 이스트 히어 라이더 패어보-탠

비닐 봉지 좀 하나 주십시오.
Please give me a plastic bag!

Geben Sie mir eine Plastiktüte!
게-밴 지- 미-어 아이내 플라스틱튀-태

몸이 좋지 않습니다.
I feel not well.

Ich fühle mich nicht wohl.
이히 퓌-ㄹ래 미히 니히트 보-ㄹ

몸이 좋지 않습니다.
I feel sick.

Mir ist übel.
미-어 이스트 위-밸

저는 비행 멀미가 있습니다.
I suffer from airsickness.

Ich leide an der Luftkrankheit.
이히 라이대 안 데어 루프트트랑크하이트

기내에서

비행기 타고 여행하는 건 처음입니다.
It is the first time that I do travelle by plane.

Es ist das erste Mal, dass ich mit dem Flugzeug fliege.
애스 이스트 다스 애어스태 마-ㄹ 다스 이히 밑   데-ㅁ 플루-ㄱ   초익

비행 멀미약 좀 주십시오.
Give me a medicine against the airsickness!

Geben Sie mir ein Mittel gegen Luftkrankheit!
게-밴   지- 미어 아인 밋탤
게갠   루프트크랑크하이트-

이제 좀 낫습니다.
I feel better now.

Jetzt geht es mir besser.
예츠트 게-트 애스 미-어 뱃서

언제 프랑크푸르트에 착륙합니까?
When do we land in Frankfurt?

Wann landen wir in Frankfurt?
반   란댄   비-어 인
프랑크푸어트

코블렌츠 주변

라인강과 모젤강이 만나는 곳

2 공항에서

1. 여권심사

여권 좀 보여 주십시오.
Please show me your passport!

Zeigen Sie mir bitte Ihren Pass!
차이갠 지- 미-어 빗태 이어랜 팟스

여권 좀 보여 주십시오.
Your passport, please.

Ihren Pass bitte!
이어랜 팟스 빗태

여권 좀 보여 주시겠습니까?
Could you show me your passport?

Könnten Sie mir Ihren Pass zeigen?
쾐탠 지- 미-어 이어랜 팟스 차이갠

신분증 좀 보여 주시겠습니까?
Would you show me your identity card?

Würden Sie mir Ihren Personalausweis zeigen?
뷔르댄 지- 미-어 이어랜 패르조나-ㄹ아우스바이스 차이갠

여기 제 여권이 있습니다.
Here is my passport.

Hier ist mein Pass.
히-어 이스트 마인 팟스

여기 제 여권이 있습니다.
Here is my pass.

Hier ist mein Reisepass.
히-어 이스트 마인 라이재팟스

여기 제 신분증이 있습니다.
Here is my passport.

Hier ist mein Personalausweis.
히-어   이스트   마인
패르조나-ㄹ아우스바이스

여기 있습니다.
Here you are.

Hier bitte.
히-어 빗태

여행목적이 무엇입니까?
What is the purpose of your journey?

Was ist der Zweck Ihrer Reise?
바스 이스트 데어 츠백 이어러 라이재

나는 사업차 여기에 왔습니다.
I'm here on business.

Ich bin geschäftlich hier.
이히 빈 개섀프틀리히   히-어

나는 사업차 여행 중입니다.
I'm taking a journey for business.

Ich mache eine Geschäftsreise.
이히 막해 아이내 개섀프츠라이재

나는 어학과정에 다닐 겁니다.
I'll go to a language course.

Ich will einen Sprachkurs besuchen.
이히   빌   아이낸
슈프라흐쿠어스   배주-ㄱ헌

2. 세관에서

손님의 짐은 여기서 검색 받습니다.
Your luggage is examined here.

Ihr Gepäck wird hier kontrolliert.
이-어 개팩   비어트 히-어
콘트롤리어트

세금을 물어야 할 물건을 가지고 있습니까?
Do you have something to declare?

Haben Sie etwas zu verzollen?
하-밴   지- 애트바스 추-
패어촐랜

저는 세금을 내야할 물건이 없습니다.
I have nothing to declare.

Ich habe nichts zu verzollen.
이히 하-배 니히츠 추- 패어츨랜

저는 세금을 내야할 물건이 없습니다.
I have nothing to declare.

Ich habe nichts zu deklarieren.
이히 하-배 니히츠 추- 데클라리어랜

저는 포도주 한 병을 가지고 있습니다.
I have a bottle of wine.

Ich habe eine Flasche Wein.
이히 하-배 아이내 플랏섀 봐인

저는 담배 한 벌을 가지고 있습니다.
I have a carton of cigarettes.

Ich habe eine Stange Zigarretten.
이히 하-배 아이내 슈탕애 치가래탠

제 짐을 조사할 겁니까?
Will you examine my luggage?

Wollen Sie mein Gepäck prüfen?
볼랜 지- 마인 개팩 프뤼-팬

제 트렁크를 열어야 합니까?
Shall I open my trunk?

Soll ich meinen Koffer aufmachen?
졸 이히 마이낸 코퍼 아우프막핸

짐을 모두 열어야 합니까?
Must I open everthing?

Muss ich alles aufmachen?
뭇스 이히 알래스 아우프막핸

이 트렁크를 열어보세요.
Please open this trunk!

Bitte machen Sie diesen Koffer auf!
빗태 막핸 지- 디-잰 코퍼 아우프

그 안에는 책들만 있습니다.
Ther are only books in it.

Darin gibt es nur Bücher.
다린 깊트 애스 누어 뷔-허

이것은 제가 개인적으로 쓸 것입니다.
It's for my personal use.

Es ist für meinen persönlichen Gebrauch.
애스 이스트 퓌-어 마이낸 패르죄-ㄴ릿핸 개부라욱흐

공항에서

129

그 중에서 관세를 낼 것은 아무 것도 없어요.
Ther is nothing duitable underneath.

Es ist nichts Zollbares darunter.
애스 이스트 니히츠 쫄바-래스 다룬터

이것은 관세를 지불해야 합니까?
Is this duitable?

Ist das zollpflichtig?
이스트 다스 쫄플리히티히

얼마나 지불해야 합니까?
How much must I pay?

Wie viel muss ich zahlen?
비- 피-일 못스 이히 차-ㄹ랜

이것은 무엇이지요?
What is this please?

Was ist das?
밧스 이스트 다스

그것은 선물입니다.
It is a gift.

Das ist ein Geschenk.
다스 이스트 아인 개솅크

다 끝났습니까?
Have you finished?

Sind Sie fertig?
진트 지- 패르티히

당신의 짐은 검색이 끝났습니다.
Your luggage has been already examined.

Ihr Gepäck ist schon kontrolliert.
이어 개팩 이스트 쇼-ㄴ 콘트롤리어트

짐수레는 어디에 있습니까?
Where are the luggage trolleys?

Wo sind die Gepäckhandwagen?
보- 진트 디- 개팩한트바-갠

3. 짐운반

짐 나르는 것 좀 도와주실 수 있습니까?
Can you help me with my luggage?

Können Sie mir beim Gepäcktragen helfen?
쾐낸 지- 미-어 바임 개팩트라-갠 핼팬

제 짐을 좀 들어주십시오.
Please take my luggage.

Bitte nehmen Sie mein Gepäck!
비태 네-맨 지- 마인 개팩

수화물 운반수레가 어디 있는지 아십니까?
Do you know, where the luggage van is?

Wissen Sie, wo der Gepäckwagen ist?
빗샌 지- 보- 데어
개팩바-갠 이스트

저는 이 짐을 하이델베르크로 부치고 싶습니다.
I'd like to register this luggage to Heidelberg.

Ich möchte dieses Gepäck nach Heidelberg aufgeben.
이히 외히태 디-재스
개팩 나-ㄱ흐 하이델배르크
아우프게-밴

공항에서

트렁크 3개와 가방 1개가 있습니다.
There are three trunks and one suitcase.

Es sind drei Koffer und eine Tasche.
애스 진트 드라이 코퍼 운트
아이내 탓섀

짐이 같은 기차로 갑니까?
Does the luggage leave with the same train?

Geht das Gepäck mit demselben Zug ab?
게-트 다스 개팩 밑 데-ㅁ잴밴
추-ㄱ 압

저는 이 짐을 직접 뷔르츠부르크로 보내고 싶어요.
I want to end this trunk through to Würzburg.

Ich möchte diesen Koffer direkt nach Würzburg senden.
이히 외히태 디-잰
코퍼 디랙크 나-ㄱ흐 뷔르츠부르크 잰댄

내가 도착하면 짐이 그곳에 있게 되나요?
Are they certain to be there when I arrive?

Werden sie bestimmt da sein, wenn ich ankomme?
배르댄 지- 배슈팀트 다-
자인 밴 이히 안콤매

내 짐에 보험을 들고 싶습니다.
I'd like to insure my luggage.

Ich möchte mein Gepäck versichern.
이히 외히태 마인 개팩
패어짓혀른

131

이 트렁크를 보험에 드는
데 얼마입니다.
What will it cost to insure this trunk?

Was kostet es, diesen Koffer zu versichern?
바스 코스텥 애스 디-잰
코퍼 추 패어짓혀른

수하물 표를 주십시오.
Please bring me the slip back.

Geben Sie mir bitte den Gepäckschein!
게-밴 지- 미-어 빗태 데-ㄴ
개팩사인

이 수화물들을 보관함까지
가져다주십시오.
Take these luggages to the luggage lockers.

Bitte bringen Sie diese Gepäckstücke zu den Schließfächern!
빗태 브링앤 지- 디-재
개슈튁캐 추- 데-ㄴ 슐릿스패혀른

4. 환전

어디서 환전할 수 있습니까?
Where can I exchange?

Wo kann ich Geld wechseln?
보- 칸 이히 갤트 백샐른

이 여행자수표를 환전해주
시겠습니까?
Can you cash this traveller's cheque?

Können Sie diese Reiseschecks einlösen?
괜낸 지 디-재
라이재 섁스 아인뢰-잰

여행자 수표를 환전해주십
니까?
Do you cash traveller's cheque?

Nehmen Sie Reiseschecks?
네-맨 지- 라이재 섁스

나는 이 수표를 환전하고
싶습니다.
I want to chang this cheque.

Ich möchte gerne diesen Scheck wechseln.
이히 외히태 개르내 디-잰
섁 백샐른

이것을 마르크화로 환전해 주시겠습니까?
Can you change this into Mark.

Können Sie das in Mark umtauschen.
퀜낸 지- 다스 인 마르크 움타우샌

얼마나 환전을 하고 싶습니까?
How much do you like exchange.

Wie viel möchten Sie umtauschen?
비- 피-일 뫼히탠 지- 움타우샌

돈을 어떻게 내어 드릴까요?
How may I hand out?

Wie darf ich Ihnen das Geld auszahlen?
비- 다릎 이히 이-낸 다스 갤트 아우스차-ㄹ랜

좋으실 대로 하십시오. 상관없습니다.
Any way you like. It doesn't matter.

Wie Sie möchten. Das spielt keine Rolle.
비- 지- 뫼히탠 다스 슈피-ㄹ트 카이내 롤래

저는 100마르크 짜리로 원합니다.
I would like it in 100s.

Ich möchte es/sie in Hundertern.
이히 뫼히탠 애스/지- 인 훈대르터른

달러의 시세는 어떻게 됩니까?
What is the rate of exchange?

Wie hoch ist der Dollarkurs?
비- 호-ㄱ흐 이스트 데어 돌라쿠어스

오늘 환율은 1달러에 1.65 마르크입니다.
The exchange rate today is 1,65 for 1 dollar.

Der Kurs ist heute 1,655 für einen Dollar.
데어 쿠어스 이스트 호이태 1.655 퓌-어 아이낸 돌라

저는 500 달러가 있습니다.
I have 500 dollar.

Ich habe 500 Dollar.
이히 하-배 퓐프훈데르트 돌라

저는 그것을 마르크로 환전하고 싶습니다.
I'd like change them to D-Mark.

Die möchte ich gerne in D-Mark wechseln.
디- 뫼히태 이히 게르내 인 데-마르크 백샐른

컴퓨터가 총액을 계산했습니다.
The computer has calculated an amount of them.

Der Computer hat die Gesamtsumme errechnet.
데어 콤퓨-터   하-트 디
개잠트줌매   애어래히내트

영수증 좀 받을 수 있습니까?
Do I also get a recept?

Bekomme ich noch einen Beleg von Ihnen?
배콤매   이히   녹흐
아이낸 밸레-ㄱ 폰   이-낸

국경- 유럽연합으로 유럽이 통합되었다는 것을 실감

3 교통수단

I. 지하철 타기

지하철역이 어디 있습니까?
Where is the subway station, please?

Wo ist die U-Bahnstation, bitte?
보- 이스트 디- 우-바-ㄴ슈타치온 빗태

시내로 가는 지하철이 있습니까?
Is there a subway into town?

Fährt eine U-Bahn in die Stadtmitte?
패어트 아이내 우-바-ㄴ 인 디 슈타트밋태

시내로 가는 길이 어떻게 됩니까?
How do I get to town?

Wie komme ich zur Stadtmitte?
비- 콤매 이히 추어 슈타트밋태

지하철을 어디서 탈 수 있습니까?
Where can I take a subway?

Wo kann ich die U-Bahn nehmen?
보- 칸 이히 디- 우-바-ㄴ 내맨

역은 한층 아래에 있습니다.
The station is under one floor deeper.

Die Bahnstation ist ein Stockwerk tiefer.
디- 바-ㄴ슈타치온 이스트 아인 슈톡배르크 티-퍼

중앙역으로 가는 길이 어떻게 됩니까?
Which way is to the main station?

Wie komme ich zum Hauptbahnhof?
비- 콤매 이히 춤
하우프트바-ㄴ호-프

이 지하철은 중앙역으로 갑니까?
Does the subway go to the main station?

Fährt die U-Bahn zum Hauptbahnhof?
패어트 디- 우-바-네 춤
하우프트바-ㄴ호-프

시내까지는 시간이 얼마나 걸립니까?
How long take ot to town?

Wie lange dauert es bis zur Stadtmitte?
비- 랑애 다우어트 애스 비스
추어 슈타트밋태

차표는 어디서 살 수 있습니까?
Where can I buy a ticket?

Wo kann ich eine Fahrkarte kaufen?
보- 칸 이히 아이내
파-카르태 카우팬

여기 차표 판매 창구는 어디 있습니까?
Where is the ticket office here?

Wo gibt es hier einen Fahrkartenschalter?
보- 깁트 애스 히-어 아이낸
파-카르탠샬터

저쪽에 있습니다.
Please take the subway line 7.

Da drüben.
다- 드뤼-밴

7번 지하철을 타십시오.
Please take the subway line 7.

Bitte nehmen Sie die U-7!
빗태 네-맨 지- 디-
우- 지-밴

프라자 호텔로 가는 버스가 있습니까?
Is there a bus to the Hotel Plaza?

Gibt es einen Bus zum Hotel Plaza?
깁트 애스 아이낸 부스 춤
호탤 플라자

2. 택시잡기

택시 타는 곳이 어디입니까?
Where is the taxi stand?

Wo ist der Taxistand?
보- 이스트 데어 탁시-슈탄트

어디서 택시를 탑니까?
Where can I get a taxi?

Wo kann ich ein Taxi bekommen?
보- 칸 이히 아인 탁시- 배콤맨

어디에서 택시를 잡을 수 있습니까?
Where can I get a taxi?

Wo finde ich ein Taxi?
보- 핀데 이히 아인 탁시-

택시들은 어디에 있습니까?
Where are the taxis?

Wo sind die Taxis?
보- 진트 디- 탁시-스

저기가 택시 타는 곳입니다.
There is the taxi-stop.

Da drüben gibt es einen Taxistand.
다 드뤼-밴 깁트 애스 아이낸 탁시-슈탄트

택시 승차장은 저쪽입니다.
There's a taxi stand over there.

Da ist die Taxihaltestelle.
다- 이스트 디- 탁시할태슈탤래

택시가 왔습니다.
A Taxi has stopped.

Da ist das Taxi für Sie.
다 이스트 다스 탁시- 퓌-어 지-

이 택시 비었습니까?
Is this taxi free.

Ist das Taxi hier frei?
이스트 다스 탁시 히-어 프라이

짐 싣는 것 좀 도와주시겠습니까?
Could you help me to carry my luggages?

Könnten Sie mir bitte beim Gepäcktragen helfen?
쾐탠 지- 미어 빗태 바임 개팩트라-갠 핼팬

어디까지 가십니까?
Where to?

Wohin wollen Sie?
보-힌 볼랜 지-

교통수단

중앙역으로 갑시다.
Central railroad station, please.

Zum Hauptbahnhof, bitte.
춤 하우프트바-ㄴ호-프 빗태

공항까지 가주세요.
Will you take me to the airport?

Bitte bringen Sie mich zum Flughafen!
빗태 브링앤 지- 미히
춤 플루-ㄱ하-팬

프라자 호텔로 갑시다.
Take me to hotel Plaza!

Bringen Sie mich bitte zum Hotel Plaza!
브링앤 지- 미히 빗태
춤 호텔 플라자

이 주소로 데려다 주십시오.
Take me to this adress!

Bringen Sie mich bitte zu dieser Adresse!
브링앤 지- 미히 빗태
추 디-저 아드랫새

시내 중심지로 갑시다.
Take me to town centre!

Bringen Sie mich bitte ins Stadtzentrum!
브링앤 지- 미히 빗태
인스 슈탓트챈트룸

호텔 앞에 내려 주시겠습니까?
Can you drop me in front of the hotel?

Können Sie mich vor dem Hotel absetzen?
쾐낸 지- 미히 포-어
뎀 호텔 압잿챈

여기서 세워주세요.
Stop here, please.

Halten Sie bitte hier!
할탠 지- 빗태 히-어

여기서 내리겠습니다.
Let me off here, please.

Ich möchte hier aussteigen.
이히 뫼히태 히-어 아우스슈타이갠

이 버스는 역으로 갑니까?
Does this bus go to the station?

Fährt dieser Bus zum Bahnhof?
패-어트 디-저 부스 춤
바-ㄴ호-프

138

어느 버스가 오페라 극장으로 갑니까?
Which bus goes to the opera house?

Welcher Bus fährt zum Opernhaus?
밸허 부스 패-어트 춤
오-퍼른하우스

이 버스 시내로 갑니까?
Does this bus go into the town?

Fährt dieser Bus in die Stadt?
패-어트 디-저 부스 인 디- 슈타트

이 버스 공항으로 갑니까?
Does this bus go to the air port?

Fährt dieser Bus zum Flughafen?
패-어트 디-저 부스 춤
플루-ㄱ하-팬

그쪽으로 가는 버스편이 있습니까?
Is there a bus that goes there?

Gibt es dorthin eine Busverbindung?
깁트 에스 도르트힌 아이내
부스패어빈둥

언제 내려야하는지 말씀해 주십시오.
Could you tell me when to get off?

Sagen Sie mir Bescheid, wenn ich aussteigen muss?
자-갠 지- 미어 배샤이트
밴 이히 아우스슈타이갠 무스

노인슈반슈타인 성

3. 버스타기

차표 창구가 어디입니까?
Where is the ticket office here?

Bitte, wo ist der Fahrkartenschalter?
빗태   보-   이스트 데어
파-카르탠샬터

모퉁이에서 왼쪽으로 가십시오.
Please go to the left around the corner!

Gehen Sie um die Ecke nach links!
게-언   지-   움   디-   액캐
나-ㄱ흐 링크스

저는 뒤셀도르프로 가고 싶습니다.
I want to go to Düsseldorf.

Ich möchte nach Düsseldorf fahren.
이히 뫼히태   나-ㄱ흐
뒤-쌜도르프   파-랜

기차가 쾰른에서 정차합니까?
Does the train stop at Köln?

Hält der Zug in Köln?
핼트 데어 추-ㄱ 인 쾌ㄹ른

기차가 언제 떠납니까?
When does the train go?

Wann fährt der Zug?
반   패-어트 데어   추-ㄱ

실례합니다. 이 기차가 뮌헨 행입니까?
Excuse me, but is this the right train to Munich?

Entschuldigung! Ist das der Zug nach München?
앤트슐디궁   이스트 다스
데-어 추-ㄱ 나-ㄱ흐 뮌샌

하노버 행 기차가 언제 출발합니까?
When does the train for Hannover go?

Wann fährt der Zug nach Hannover?
반   패-어트   데어   추-ㄱ
나-ㄱ흐 하노-퍼

잠깐만요. 한번 찾아보겠습니다.
Just moment, I'll check it.

Einen Moment, ich sehe mal nach.
아이낸   모맨트   이히 제-
마-ㄹ 나-ㄱ흐

4. 기차역에서

기차는 10시 15분에 떠납니다.
At quater to ten train does go.

Um viertel nach zehn fährt der Zug ab.
움 피-어텔 낙흐 체-ㄴ 패-어트 데어 추-ㄱ 압

차표 한 장 주십시오.
Give me a ticket please!

Eine Fahrkarte bitte!
아이내 파-카르태 빗태

일등석이요 아니면 이등석이요?
First class or second?

Erste oder zweite Klasse?
애어스태 오더 츠바이태 클랏새

이등석으로 주십시오.
Second class please!

Zweite Klasse bitte!
츠바이태 클랏새 빗태

뮌헨 행 2등표 한 장 주세요.
One single ticket for second class to München.

Eine Fahrkarte zweiter Klasse nach München.
아이내 파-카르태 츠바이터 클랏새 나-ㄱ흐 뮌샌

편도입니까 아니면 왕복표입니까?
Single or return?

Einfach oder hin und zurück?
아인팍흐 오-더 힌 운트 추뤽

베를린 행 편도표 두 장 주세요.
I'd like two singles to Berlin.

Ich möchte gern zwei einfache Karten nach Berlin.
이히 뫼히태 개른 츠바이 아인팟허 카르탠 나-ㄱ흐 배를린

함부르크 행 왕복표 한 장 주세요.
I'd like a return to Hamburg.

Ich möchte gern eine Rückfahrkarte nach Hamburg.
이히 뫼히태 개른 아이내 뤽파-카르태 나-ㄱ흐 함부르크

교통수단

내일 저녁에 이용할 표 2장을 예약하고 싶습니다.
Can I book two tickets for tomorrow evening?

Kann ich zwei Karten für morgen Abend reservieren?
칸　　이히　츠바이　카르탠
퓌-어　모르갠　아-밴트　레재어비-랜

베를린 행은 요금이 얼마입니까?
What is the fare to Berlin?

Was kostet es nach Berlin?
밧스 코스탤　애스 나-ㄱ흐 배를리-ㄴ

추가요금을 내야합니까?
Is there a supplementary?

Muss ich einen Zuschlag zahlen?
뭇스　이히　아이낸　추-슐라-ㄱ　차-ㄹ랜

이 기차에 침대 칸이 있습니까?
Is there sleeping-car on the train?

Hat der Zug Schlafwagen?
하-트　　　데어　　　추-ㄱ
슐라-프봐-갠

이등석 침대 칸이 있습니까?
Is there a second class sleeping car?

Gibt es Schlafwagen zweiter Klasse?
깁트　　애스　슐라-프바-갠
츠바이터　　클랏새

몇 번 플랫폼에서 기차가 출발합니까?
What platform does the train leave from?

Von welchem Bahnsteig fährt der Zug ab?
폰　　밸햄　　　바-ㄴ슈타이-ㄱ
패-어트 데어 추-ㄱ 압

6번 플랫폼에서 출발합니다.
From platform six, please.

Von Bahnsteig sechs, bitte.
폰　　바-ㄴ슈타이-ㄱ　잭스 빗태

6번 플랫폼이 어디입니까?
Where's platform six?

Wo ist der Bahnsteig sechs?
보-　이스트　데어 바-ㄴ슈타이-ㄱ 잭스

뮌헨에서 오는 기차가 어느 홈으로 들어옵니까?
What platform does the train from München arrive at?

Auf welchem Bahnsteig kommt der Zug aus München an?
아우프　밸햄　　　바-ㄴ슈타이-ㄱ

콤트 데어 추-ㄱ 아우스 뷘샌 안

베를린에서 오는 기차가 연착입니까?
Is the train from Berlin late?

Hat der Zug aus Berlin Verspätung?
하-ㅌ 데어 추-ㄱ 아우스 배를리-ㄴ 패어슈패-퉁

얼마동안 정차합니까?
How long stops the train?

Wie lange haben wir Aufenthalt?
비-ㄹ 랑애 하-밴 비-어 아우프앤트할트

제가 갈아타야 합니까?
Must I change trains?

Muss ich umsteigen?
뭇스 이히 움슈타이갠

예, 쾰른에서 갈아타야 합니다.
Yes, you must change in K ln.

Ja, Sie müssen in Köln umsteigen.
야 지- 뮛샌 인 쾰른 움슈타이갠

아니오, 갈아탈 필요가 없습니다.
No, you need not to change trains.

Nein, Sie brauchen nicht umzusteigen.
나인 지- 브라우헌 니히트 움추슈타이갠

호수와 평원

어디서 갈아타는 게 가장 좋습니까?
Where must I change?

Wo steige ich am besten um?
보- 슈타이개 이히 암 배스탠 움

제가 어디서 내려야 합니까?
Where I have to get out?

Wo muss ich aussteigen?
보- 못스 이히 아우스슈타이갠

중간에 본에서 내릴 수 있습니까?
Can I break travel in Bonn.

Kann ich die Fahrt in Bonn unterbrechen?
칸 이히 디- 파-르트 인 본 운터브렛핸

이것이 베를린 행 기차 맞습니까?
Is this the right train to Berlin?

Ist das der richtige Zug nach Berlin?
이스트 다스 데어 리히티개 추-ㄱ 나-ㄱ흐 배를리-ㄴ

이 기차는 아우구스부르크를 지나갑니까?
Does this train go via Augusburg?

Fährt dieser Zug über Augsburg?
패-르트 디-저 추-ㄱ 위-버 아우구스부르크

쾰른까지 몇 정거장 남았습니까?
How many stations to Köln are there yet?

Wie viele Stationen sind es noch bis Köln?
비- 피-ㄹ래 슈타치오-낸 진트 애스 녹흐 비스 쾰른

베를린까지 기차는 몇 시간 걸립니까?
How long does the train go to Berlin?

Wie lange fährt der Zug bis Berlin?
비- 랑애 패-어트 데어 추-ㄱ 빗스 배를리-ㄴ

대략 일곱 시간 걸립니다.
It takes abot seven hours.

Es dauert etwa 7 Stunden.
애스 다우어트 애트바 지-밴 슈툰댄

대략 여섯 시간 이상 걸립니다.
About over six hours.

Etwas über 6 Stunden.
애트바스 위-버 잭스 슈툰댄

몇 시에 기차가 베를린에 도착합니까?
What time does the train arrive in Berlin?

Um wie viel Uhr kommt der Zug in Berlin an?
움 비- 피-일 우-어 콤트 데어 추-ㄱ 인 배를니-ㄴ 안

기차는 언제 베를린에 도착합니까?
When does the train arrive in Berlin?

Wann kommt der Zug in Berlin an?
반 콤트 데어 추-ㄱ 인 배를니-ㄴ 안

정각 17시에 도착합니다.
At 17 o'clock sharp.

Um Punkt fünf Uhr.
움 풍크트 퓐프 우-어
(Genau um 17 Uhr.)

10분 안에 도착합니다.
In 10 minutes.

In 10 Minuten.
인 체-ㄴ 미누-탠

2등석이 어디입니까?
Where is the second class?

Wo ist die zweite Klasse?
보- 이스트 디 츠바이태 클랏새

여기 이 자리 비었습니까?
Is this seat free?

Ist dieser Platz hier frei?
이스트 디-저 플랏츠 히-어 프라이

예, 그렇습니다.
Yes, it is.

Ja, bitte.
야- 빗태

유감입니다만, 벌써 자리가 있습니다.
I'm sorry, but the seat is taken.

Leider ist der Platz schon besetzt.
라이더 이스트 데어 플랏츠 쇼-ㄴ 배재츠트

여기는 1등석 객실입니다.
Here is the first class?

Hier ist die erste Klasse.
히-어 이스트 디 애어스태 클랏새

이등석은 저 뒤쪽에 있습니다.
WThe second class is back there.

Die zweite Klasse ist da hinten.
디 츠바이태 클랏새 이스트 다-힌탠

145

당신은 다른 기차를 타야 합니다.
You must take an another train.

Sie müssen den anderen Zug nehmen.
지- 뮛샌   댄   안더랜
추-ㄱ 네-맨

이 열차는 이체에(ICE)입니다.
This is an ICE(InterCity Express).

Das hier ist ein ICE.
다스 히-어 이스트 아인 이-체-에-

차장에게 물어보십시오.
Please ask a chauffeur!

Bitte, fragen Sie mal den Chauffeur!
빗태   프라갠   지- 마-ㄹ 댄
쇼푀-어

레겐스부르크시

5. 기차안에서

실례합니다만, 제 좌석에 앉으셨군요.
Excuse me, you are sitting in my seat.

Entschuldigung, Sie sitzen auf meinem Platz.
앤트슐디궁 지-짓챈 아우프 마이낸 플랏츠

여기 제 차표가 있습니다.
Here is my ticket.

Hier ist meine Fahrkarte.
히-어 이스트 마이내 파-카르태

커텐을 닫아도 됩니까?
May I pull down the blind?

Darf ich mal den Vorhang zumachen?
다릎 이히 마-ㄹ 덴 포-어항 추막헌

창문 좀 닫아주시겠습니까?
Would you close the window?

Würden Sie bitte das Fenster zumachen?
뷔르댄 지- 빗태 다스 팬스터 추-막헌

창문 좀 열어주시겠습니까?
Could you open the window?

Könnten Sie bitte das Fenster aufmachen?
쾐탠 지- 빗태 다스 팬스터 아우프막헌

죄송합니다. 여기서 담배 피워도 됩니까?
May I smoke here, please?

Verzeihen Sie, darf ich hier rauchen?
패어차이언 지- 다릎 이히 히-어 라욱헌

아니오, 여기는 비흡연 객실입니다.
No, this is a non-smoking compartment.

Nein, das hier ist ein Nichtraucherabteil.
나인 다스 히-어 이스트 아인 니히트라욱허압타일

실례합니다만 여기서는 금연해 주십시오.
Excuse me, but please don't

Entschuldigen Sie, rauchen Sie bitte nicht hier!
앤트슐디갠 지- 라욱헌 지 빗태

교통수단

147

smoke here!

여기가 지금 어디입니까?
Where are we now?

차표 좀 보여주십시오.
Please show me your ticket!

차표 좀 보여주십시오.
Ticket, please!

추가 요금(표)는 없습니까?
Do you have no supplement?

아니오, 추가요금이 얼마죠?
No, how much is the supplement?

10마르크입니다.
10 mark please.

식당객차는 어디입니까?
Where is the dining-car?

니히트 히-어

Wo sind wir jetzt?
보- 진트 비-어 예츠트

Bitte zeigen Sie mir Ihre Fahrkarte!
빗태 차이갠 지- 미-어 이어래 파-카르태

Fahrkarte, bitte!
파-카르태 빗태

Haben Sie keinen Zuschlagkarte dabei?
하-밴 지- 카이낸 추-슐라-ㄱ카르태 다바이

Nein, wie hoch ist der Zuschlag?
나인 비 혹흐 이스트 데어 추-슐라-ㄱ

Zehn Mark, bitte!
체-ㄴ 마르크 빗태

Wo ist der Speisewagen?
보- 이스트 데어 슈파이재바-갠

U자곡

4 숙박

1. 호텔

호텔 방 좀 예약해 주시겠습니까?
Could you book me a hotel room?

Können Sie mir ein Hotelzimmer reservieren lassen?
쾌낸 지 미-어 아인
호텔침머 래저비어른 랏샌

역 근처에 있는 호텔을 원합니다.
I want a hotel near the station.

Ich möchte ein Hotel in der Bahnhofsnähe.
이히 뫼히태 아인 호텔 인
데어 바-ㄴ호-프스내-애

호텔은 어디에 있습니까?
Where is the hotel located?

Wo liegt das Hotel?
보- 리-ㄱ트 다스 호텔

거리가 얼마나 됩니까?
How far is it?

Wie weit ist es?
비- 바이트 이스트 애스

저는 박 이라고 합니다.
My name is Park.

Mein Name ist Park.
마인 나-매 이스트 박

저는 이미 예약을 했습니다.
I have a reservation.

Ich habe schon reservieren lassen.
이히 하-배 쇼-ㄴ 래저비-어른 랏샌

저는 서류로 예약했습니다.
I've been booked in writing.

Ich habe schriftlich gebucht.
이히 하-배 슈리프틀리히 개부흐트

저는 전화로 예약했습니다.
I've been booked on telephone.

Ich habe telefonisch/am Telefon gebucht.
이히 하-배 텔레포-니쉬/암
텔레-폰   개부흐트

저는 방을 하나 예약했습니다.
I have booked a room.

Ich habe ein Zimmer vorbestellt.
이히 하-배 아인 침머 포-어배슈탤트

어느 이름으로 (예약)하셨습니까?
In which name, please?

Auf welchen Namen, bitte?
아우프 밸햰   나-맨 빗태

뮐러입니다.
That is Müller.

Das ist Müller.
다스 이스트 뮐러

여기 확인서가 있습니다.
Here is the conformation.

Hier ist die Bestätigung.
히-어 이스트 디- 배슈태-티궁

예, 여기 손님의 예약표가 있군요.
Yes, here is your reservation.

Ja, hier ist Ihre Reservierung.
야 히-어 이스트 이어래 레재어비-룽

712호실입니다.
Room number 712, please.

Zimmer 712, bitte!
침머 지-밴훈데르트츠뵐프 빗태

열쇠 좀 주십시오.
Give me a key please!

Den Schlüssel bitte!
데-ㄴ 슐륏샐 빗태

하루 밤 묵을 방 있습니까?
Do you have a room for one night?

Haben Sie ein Zimmer für eine Nacht?
하-밴   지- 아인 침머
퓌-어 아이내 낙흐트

빈 방 있습니까?
Have you any rooms vacant?

Haben Sie ein Zimmer frei?
하-밴   지- 아인 침머 프라이

어떤 방을 원하십니까? What kind of rooms dou you want?	Was für ein Zimmer möchten Sie? 바스 퓌-어 아인 침머 뫼히탠 지-
1인용 객실을 원합니까 아니면 2인용을 원합니까? Do you want a single or a double room?	Möchten Sie ein Einzelzimmer oder ein Doppelzimmer? 뫼히탠 지- 아인 아인챌침머 오-더 아인 도팰침머
저는 1인용 객실을 원합니다. I want a single room.	Ich möchte gern ein Einzelzimmer. 이히 뫼히태 걔른 아인 아인챌침머
욕조가 있는 거요 아니면 샤워기만 있는 걸로요? With a bath or with a shower?	Mit Bad oder Dusche? 밑 바-트 오-더 두섀
욕조가 없는 걸로 주세요. (I want a room) without a bath, please!	Ohne Bad, bitte! 오-내 바-트 빗태
저는 샤워시설이 있는 1인용 객실을 원합니다. I want a single room with a shower.	Ich möchte gern ein Einzelzimmer mit Dusche. 이히 뫼히태 걔른 아인 아인챌침머 밑 두섀
저는 뒤쪽으로 난 1인용 객실을 원합니다. I want a single room at the back.	Ich möchte gern ein Einzelzimmer nach hinten. 이히 뫼히태 걔른 아인 아인챌침머 나-ㄱ흐 힌탠
저는 앞쪽으로 난 1인용 객실을 원합니다. I want a single room in the front.	Ich möchte gern ein Einzelzimmer nach vorn raus. 이히 뫼히태 걔른 아인 아인챌침머 나-ㄱ흐 포른 라우스

숙박

뒤쪽으로 난 방을 원합니다.
I want a room at the back.

Ich hätte gern ein Zimmer nach hinten raus.
이히 해태 개른 아인 침머 낙흐 힌탠 라우스

욕실이 있는 2인용 객실을 원합니다.
We'd like a double room with a bath.

Wir möchten gern ein Doppelzimmer mit Bad.
비어 외히탠 개른 아인 도팰침머 밑 바-트

좀 더 위쪽에 있는 방을 원합니다.
I want a room a bit higher up.

Ich möchte gern ein Zimmer weiter oben.
이히 외히태 개른 아인 침머 바이터 오-밴

전망이 좋은 방을 원합니다.
I'd like a room with a view.

Ich möchte gern ein Zimmer mit guter Aussicht.
이히 외히태 개른 아인 침머 밑 구-터 아우스지히트

여기서 얼마나 머무실 겁니까?
How long do you want stay here?

Wie lange wollen Sie hier bleiben?
바- 랑애 볼랜 지-히-어 블라이밴

며칠 간 머물 겁니까?
How long please?

Für wie lange, bitte?
퓌-어 비- 랑애 빗태

금요일까지요.
Untill Friday.

Bis Freitag.
비스 프라이타-ㄱ

3박 4일간이요.
For three nights long.

Drei Nächte.
드라이 내히태

하루만이요.
Just one night.

Nur eine Nacht.
누-어 아이내 나흐트

우리는 화요일에 떠날 겁니다.

Wir werden am Dienstag abreisen.

We'll check out on Tuesday.

비-어 베-르댄 암 디-ㄴ스타-ㄱ 알라이잰

이 방 값은 얼마입니까?
What is the price of this room?

Was kostet das Zimmer?
바스 코스탤 다스 침머

1인용 객실 하루 숙박료는 얼마입니까?
How much is a single room per day?

Wie viel kostet ein Einzelzimmer pro Tag?
비- 피-ㄹ 코스탤 아인 아인챌침머 프로 타-ㄱ

아침식사를 포함해서 120 마르크입니다.
It is 120 mark with breakfast.

Es kostet 120 Mark mit Frühstück.
애스 코스탤 120 마르크 밑 프뤼-슈튁

아침식사를 포함해서 얼마입니까?
How much is it with breakfast?

Was kostet das mit Frühstück?
바스 코스탤 다스 밑 프뤼-슈튁

세끼식사를 포함한 방 값은 얼마입니까?
How much is it with full board?

Was kostet es mit voller Pension?
바스 코스탤 애스 밑 폴러 팡지오-ㄴ

아침과 저녁식사를 포함한 방 값은 얼마입니까?
How much is it with half board?

Was kostet es mit Halbpension?
바스 코스탤 애스 밑 할프팡지오-ㄴ

어린이는 할인이 됩니까?
Is there any reduction for children?

Gibt es eine Ermäßigung für Kinder?
깁트 애스 아이내 애어매-시궁 퓌-어 킨더

방 좀 보여 주십시오.
Please, show me the room?

Bitte, zeigen Sie mir mal das Zimmer?
빗태 차이갠 지- 미-어 마-ㄹ 다스 침머

방 좀 볼 수 있습니까?
Can I see the room?

Kann ich mir das Zimmer mal ansehen?
칸 이히 미-어 다스

숙박

방 좀 봐도 될까요?
May I see the room?

침머   마-ㄹ 안제-ㄴ

Darf ich das Zimmer sehen?
다릎   이히 다스   침머   제-언

참 좋습니다. 특히 전망이 마음에 듭니다.
It's wonderful. I particularly like the view.

Es ist wunderbar. Mir gefällt besonders die Aussicht.
애스 이스트 분더바- 미-어 개팰트 배존더르스 디 아우스지히트

이 방으로 하겠습니다.
I will take this room.

Ich nehme dieses Zimmer.
이히 네-매 디-재스 침머

방이 너무 작습니다.
It is very small.

Es ist zu klein.
애스 이스트 추- 클라인

방이 너무 시끄럽습니다.
It is very loud.

Es ist zu laut.
애스 이스트 추-ㄹ라우트

너무 비쌉니다.
That is too expensive.

Es ist zu teuer.
애스 이스트 추- 토이어

방이 마음에 안 듭니다.
I don't like the room.

Das Zimmer gefällt mir nicht.
다스 침머 개팰트 미-어 니히트

다른 방 있습니까?
Do you have another room?

Haben Sie ein anderes?
하-밴 지- 아인 안더래스

다른 방 좀 보여줄 수 있습니까?
Can you show me an another room?

Können Sie mir noch ein anderes Zimmer zeigen?
쾐낸   지-   미-어 녹흐 아인 안더래스 침머   차이갠

방을 바꿔 줄 수 있습니까?
Can I change my room?

Kann ich ein anderes Zimmer haben.
칸 이히   아인   안더래스 침머 하-밴

좀 더 저렴한 방 있습니까?
Do you have anything cheaper?

Haben Sie ein Billigeres?
하-밴 지- 아인 빌리거래스

샤워시설이 있는 2인용 객실이 하나 있습니다.
There is only one double room with a shower.

Es ist nur noch ein Doppelzimmer mit Dusche frei.
애스 이스트 누-어 녹흐 아인 도팰침머 밑 두새 프라이

신분증 좀 보여주십시오.
Please, show me your identity card!

Bitte, zeigen Sie mir Ihren Ausweis!
빗태 차이갠 지-미-어 이어랜 아우스바이스

이 서식에 기입해 주십시오.
Please, fill out this form!

Bitte, füllen Sie dieses Formular aus!
빗태 퓔랜 지- 디-재스 포어물라- 아우스

여기 숙박부에 기입해 주십시오.
Fill out this appearance here please!

Bitte füllen Sie hier den Meldeschein aus.
빗태 퓔랜 지- 히-어 데-ㄴ 맬대사인 아우스

여기 숙박부에 기입해 주십시오.
Fill out this check-in form please!

Bitte füllen Sie das Anmeldeformular aus.
빗태 퓔랜 지- 다스 안맬대포어물라- 아우스

서식을 작성해 주시겠습니까?
Would you like to fill in the form?

Wenn Sie dann das Formular ausfüllen würden.
밴 지- 단 다스 포물라 아우스퓔랜 뷔르댄

그러면 방은 27번입니다.
And then the room is number 27.

Das ist dann die Nummer 27.
다스 이스트 단 디- 눔머 지밴운트츠반치히

숙박

방은 3층에 있습니다.
It is in the third floor.

Das ist im zweiten Stock.
다스 이스트 임 츠바이탠 슈톡

즐겁게 머무시기를 바랍니다.
I hope your enjoyable stay.

Ich wünsche Ihnen einen angenehmen Aufenthalt.
이히 뷘셰 이-낸
아이낸 안개네-맨 아우프앤트할트

죄송합니다. 더 이상 방이 없습니다.
I'm sorry. We have a room no more.

Es tut mir Leid. Wir haben kein Zimmer mehr.
애스 투트 미-어 라이트 비-어
하-밴 카인 침머 메-어

이제 어떻게 하지요?
I shall I do now?

Was soll ich denn jetzt machen?
바스 졸 이히 댄 예츠트 막핸

다른 호텔을 소개해 주실 수 있습니까?
Can you recommend another hotel?

Können Sie mir ein anderes Hotel empfehlen?
쾌낸 지- 미-어 아인
안더래스 호텔 앰패-ㄹ랜

그 호텔은 시내 중심지에 있습니다.
The hotel is in the centre of the city.

Das Hotel liegt im Stadtzentrum.
다스 호텔 리-ㄱ트 임
슈타트챈트룸

하루 더 숙박하고 싶습니다.
I'd like to stay a longer.

Ich möchte einen Tag länger bleiben.
이히 뫼히태 아이낸 타-ㄱ
랭어 블라이밴

지질단면 ~호수에서 주변산지를 바라 본 모습

아침 식사를 방으로 가져다주시겠습니까?
Can I have breakfast in my room?

Können Sie das Frühstück auf mein Zimmer bringen?
쾐낸   지-   다스   프뤼-
슈튁아우프   마인   침머   브링앤

짐을 방으로 가져다주십시오.
Please bring my luggage to the room.

Bringen Sie bitte mein Gepäck aufs Zimmer!
브링앤   지-   비태   마인
개팩   아우프스 침머

트렁크들을 방으로 좀 가져다 놓도록 해주겠습니까?
Can you let my trunks bring to my room?

Können Sie meine Koffer aufs Zimmer bringen lassen?
쾐낸   지-   마이내
코퍼 아우프스   침머 브링앤   라쌘

숙박

벨 보이가 짐을 즉시 방으로 옮길 겁니다.
The bellboy will carry your baggage to the room.

Der Träger bringt Ihr Gepäck sofort aufs Zimmer
데어 트래-거   브링트   이어
개팩   조포르트   아우프스   침머

이 서류가방 좀 보관해주시겠습니까?
Can you keep this briefcase in safe?

Können Sie diese Mappe im Safe aufbewahren?
쾐낸   지-   디-재   마패
임   제-프 아우프베바-랜

내일 아침 6시에 좀 깨워주시겠습니까?
Please wake me up at 6 o'clock tomorrow morning.

Würden Sie mich bitte morgen früh um sechs Uhr aufwecken?
뷔르댄   지-   미히   비태
모르갠   프뤼-   움   잭스
우-어 아우프백캔

열쇠를 방에 두고 나왔습니다.
I left the key in my room.

Ich habe den Schlüssel in meinem Zimmer gelassen.
이히 하-배   덴   슐륏샐
인   마이냄   침머   갤라쌘

157

빨래가 좀 있는데요.
I have some laundry.

Ich möchte etwas in die Wäscherei geben.
이히 뫼히태   애트바스 인 디
뱃섀라이   게-밴

그것들을 세탁소에 맡겨 주시겠어요?
Could you bring it to a laundry service?

Können Sie sie zur Reinigung bringen?
쾐낸   지- 지- 추어
라이니궁   브링앤

숙박

2. 호텔을 떠날 때

저는 정오경에 떠날 겁니다.
I'll be checking out around noon.

Ich reise gegen Mittag ab.
이히 라이재 게-갠   밑타-ㄱ 압

제가 언제 여기를 떠나야 합니까?
How soon ought I to leave?

Wann muss ich hier fortgehen?
반   뭇스   이히 히-어
포르트게-언

체크아웃 시간은 몇 시입니까?
When is check-out time?

Um wie viel Uhr muss ich das Hotel verlassen?
움   비- 피-ㄹ 우-어 뭇스
이히 다스 호텔   패어랏샌

저는 내일 아침에 떠날 겁니다.
I'm leaving early tomorrow.

Ich reise morgen früh ab.
이히 라이재 모르갠   프뤼-압

계산서 좀 만들어 주십시오.
Please have my bill ready!

Bitte machen Sie meine Rechnung fertig!
빗   막핸   지- 마이내
랫히눙   패르티히

계산서 금액이 얼마입니까?
I will take this room.

Wie viel macht es?
비- 피-ㄹ 막흐트   애스

모두 것이 계산서에 포함된 건가요?
Is everything included in this bill?

Ist alles in der Rechnung inbegriffen?
이스트 알래스 인 데어 래히눙 인배그리팬

계산 착오를 한 것 같습니다.
I think, you have made a mistake.

Ich glaube, Sie haben sich verechnet.
이히 글라우배 지- 하-밴 지히 패어래히내트

영수증을 주십시오.
Please give me a receipt.

Bitte geben Sie mir die Quitung!
빗태 게-밴 지- 미-어 디- 크비-퉁

우리 호텔이 마음에 드셨습니까?
How much is it with board?

Wie hat es Ihnen bei uns im Hotel gefallen?
비- 하-트 애스 이-낸 바이 운스 임 호텔 개팔랜

아주 좋았습니다.
Very good.

Sehr gut.
제-어 구-ㅌ

즐겁게 잘 머물렀습니다.
It has been a very enjoyable stay?

Es war ein angenehmer Aufenthalt.
애스 바- 아인 안개네-머 아우프앤트할트

제 짐을 아래로 보내 주시겠습니까?
Would you please send someone to bring

Würden Sie mein Gepäck herunter bringen lassen?
뷔르댄 지- 마인 개팩 해룬터 브링앤 랏샌

저에게 택시 좀 불러 주시겠습니까?
Could you get me a taxi?

Könnten Sie mir ein Taxi bestellen?
쾐탠 지- 미-어 아인 탁시- 배슈탤른

우리들에게 택시 좀 불러 주십시오.
Call us a taxi, please!

Holen Sie uns ein Taxi, bitte!
호-ㄹ랜 지- 운스 아인 탁시- 빗태

택시 좀 불러 주십시오.
I'd like a taxi.

Ich möchte ein Taxi haben.
이히 뫼히태   아인   탁시-하-밴

여기 호텔버스 있습니까?
Is there a hotel bus here?

Gibt es hier einen Hotelbus?
깁트   애스   히어   아이낸
호텔부스

요트 계류장

1. 음식점에서 - 예약하기

테이블 빈 것 있습니까?
Do you have a spare table?

Haben Sie einen Tisch frei?
하-밴   지-   아이낸 팃쉬 프라이

두 사람이 이용할 테이블 있습니까?
Do you have a table for two?

Haben Sie einen Tisch für zwei?
하-밴   지- 아이낸 팃쉬 퓌-어 츠바이

저는 이미 예약을 했습니다.
I have already booked.

Ich habe schon reserviert.
이히   하-배 쇼-ㄴ   래저비-어트

저는 박이라는 이름으로 4인용 테이블을 예약했어요.
I've ordered a table for four in the name of Park.

Ich habe einen Tisch für vier Personen für Park reserviert.
이히 하-배 아이낸 팃쉬 퓌-어 피어 패르조-낸 퓌-어 박 래저비-어트

일인용 테이블을 부탁합니다.
A table for one please.

Einen Einzeltisch bitte.
아이낸   아인챌팃쉬   비태

3인용 테이블을 부탁합니다.
A table for three please.

Einen Tisch für drei Personen bitte.

아이낸 틧쉬 퓌-어 드라이
패르조-낸 비태

오늘 저녁에 이용할 테이블 하나 부탁합니다.
Can I book a table for this evening?

Kann ich für heute Abend einen Tisch reservieren?
칸   이히   퓌-어   호이태
아-밴트   아이낸 틧쉬 래저비-어랜

저밖에 있는 테이블을 잡을 수 있을까요?
Could we have a table outside?

Könnten wir bitte einen Tisch draußen bekommen?
쾐탠   비-어 빗태   아이낸
틧쉬   드라우쌘   배콤맨

2. 주문하기

웨이터, 차림표 좀 갖다주십시오.
Waiter, please bring me a menu!

Herr Ober, bringen Sie mir die Speisekarte?
해어   오-버   브링앤   지-
미-어 디   슈파이재카르태

차림표 좀 주십시오.
The menu, please.

Die Speisekarte bitte!
디   슈파이재카르태   빗태

차림표 좀 볼까요?
Can I have the menu, please?

Kann ich mal die Speisekarte haben?
칸   이히   마-ㄹ   디-
슈파이재카르태   하-밴

주문하고 싶습니다.
I'd like to order.

Ich möchte bestellen.
이히 외히태   배슈탤른

주문 좀 할까요?
Can I order?

Kann ich bestellen?
칸   이히 배슈탤른

벌써 고르셨습니까?
Have you decided what you want?

Haben Sie schon gewählt?
하-밴 지- 쇼-ㄴ 개배-ㄹ트

아직 고르지 못했습니다.
I have not chosen yet.

Ich habe noch nicht gewählt.
이히 하-배 녹흐 니히트 개배-ㄹ트

뭘 드시고 싶습니까?
What do you want to eat?

Was möchten Sie essen?
바스 뫼히탠 지- 앳샌

뭘 마시고 싶습니까?
What do you want to drink?

Was möchten Sie trinken?
바스 뫼히탠 지- 트링캔

무엇으로 시킬까?
What will we do take?

Was wollen wir nehmen?
바스 볼랜 비-어 네-맨

아이스바인이 무엇인지 설명해줄 수 있어요?
Can you explain what 'Eisbein' is?

Können Sie erklären, was ein Eisbein ist?
쾐낸 지- 애어클래-랜 바스 아인 아이스바인 이스트

아이스바인이 무엇입니까?
What is 'Eisbein'?

Was ist Eisbein?
바스 이스트 아이스바인

정식 1번으로 하겠습니다.
I will have set meal Nr 1.

Ich nehme Menü eins.
이히 네-매 메뉘- 아인스

40마르크 짜리 정식으로 하겠습니다.
I will have the 40 mark set meal.

Ich nehme das Menü zu 40 Mark.
이히 네-매 다스 메뉘- 추- 피어치히 마르크

정식 2번과 맥주 한 잔 하겠습니다.
I'll have set Nr. 2 and a glas of bier.

Ich nehme Menü zwei und ein Bier.
이히 네-매 메뉘- 츠바이 운트 아인 비-어

식사

정식 2인분 주시겠습니까?
Could we have the set menu for two?

Könnten wir das Menü für zwei bekommen?
쾬탠 비-어 다스 메-뉘
퓌-어 츠바이 배콤맨

이 지역의 특별음식은 무엇입니까?
What is the special dish of this region?

Was ist die hiesige Spezialität?
바스 이스트 디- 히-지개
슈패치아-ㄹ리태트

당신은 무엇을 권할 수 있습니까?
What can you recommend?

Was können Sie empfehlen?
바스 쾬낸 지-
앰패-ㄹ랜

우리는 강낭콩 수프를 전채로 먹겠습니다.
For starters we would like pea soup.

Als Vorspeise möchten wir Erbsensuppe.
알스 포-어슈파이재 뫼히탠
비-어 애릅샌주패

우리는 주요리로 안심스테이크를 먹겠습니다.
For our main course we would like fillet.

Als Hauptgericht möchten wir Rinderfilet.
알스 하우프트개리히트
뫼히탠 비-어 린더피-ㄹ랱

밥을 넣은 걸 원합니까 아니면 샐러드를 넣은 것을 원합니까?
With rice or with salad?

Mit Reis oder mit Salat?
밑 라이스 오더 밑 잘라-트

밥을 넣은 것으로 주십시오.
With rice, please.

Mit Reis bitte!
밑 라이스 빗태

후식으로 커피를 마시겠습니다.
For sweet I'll have a cup of coffee.

Zum Nachtisch nehme ich einen Kaffee.
춤 낙흐팃쉬 네-매
이히 아이낸 카페-

원하는 것이 또 있습니까?
Would you like anything else?

Haben Sie noch einen Wunsch?
하-밴 지- 녹흐 아이낸 분쉬

원하는 것이 또 있습니까?
Anything else?

Sonst noch etwas?
존스트 녹흐 애트바스

햄 샌드위치 있나요?
Do you have an open ham sandwich?

Haben Sie ein Schinkenbrot, bitte?
하-밴 지- 아인 쉰캔브로-트 비태

아니오, 그것이 다입니다.
No, it is all.

Nein, das ist alles.
나인 다스 이스트 알래스

강낭콩 수프는 어느 분이 드시지요?
Who is having the pea soup?

Wer bekommt die Erbsensuppe?
베-어 베콤트 디- 애릅샌주패

그것은 제 것입니다.
That's for me.

Die bekomme ich.
디- 배콤매 이히

커피 두 잔 주세요.
ITwo coffees please.

Zwei Kaffee, bitte.
츠바이 카패 비태

식
사

카푸치노 하나와 애스프래소 하나 주세요.
One cappuccino and one espresso.

Einen Cappuccino und einen Espresso.
아이낸 카푸치노 운트
아이낸 애스프래소

소금 좀 갖다 주세요.
Could you please bring me salt.

Können Sie mir bitte Salz bringen?
쾐낸 지- 미어 비태
잘츠 브링앤

호수와 성-노일슈반슈타인 성에서 내려다 본 경치

3. 주문한 음식이 안나올 때

웨이터, 제가 주문 한 것 잊으셨나요?
Waiter, have you forgotten my order?

Herr Ober, haben Sie meine Bestellung vergessen?
해어 오-버 하-밴 지-
마이낸 배슈탤룽 패어갯샌

아가씨, 저는 30분전에 주문했는데요.
Lady, I ordered half an hour ago.

Fräulein, ich habe schon vor einer halben Stunde bestellt.
프로일라인 이히 하-배 쇼-ㄴ
포-어 아이너 할밴 슈툰대 배슈탤트

더 기다려야 합니까?
Will I have to wait much longer?

Muss ich noch lange warten?
뭇스 이히 녹흐 랑애 바르탠

감자 튀김을 곁들인 구운 소시지 한개/두개 주세요.
Fried sausage with chips once/twice, please.

Einmal/Zweimal Bratwurst mit Pommes frites, bitte.
아인마-ㄹ/츠바이마-ㄹ
브라-트부어스트 밑 폼 프리트 비태

왜 이렇게 오래 걸리지요?
Why is it taking so long?

Warum dauert es so lange?
바루-ㅁ 다우어트 애스 조-랑애

잠깐만요. 손님이 주문하신 거 곧 나옵니다.
Your order will be here in just a moment.

Einen Moment, Ihre Bestellung kommt gleich.
아이낸 모맨트 이어래
배슈탤룽 콤트 글라이히

노인슈반슈타인 성

4. 음식이 잘못 나왔을 때

이것이 정식 1번입니까?
Is this set meal Nr. 1?

Ist das Menü eins?
이스트 다스 메뉴- 아인스

이거 정식 2번이군요.
This is set meal Nr. 2.

Das ist doch Gedeck zwei.
다스 이스트 독흐 개댁 츠바이

아니오, 손님은 2번 정식을 원하셨는데요.
No, you have wanted menu number 2.

Nein, Sie wollten doch Menü 2.
나인 지- 볼탠 독흐
메뉴- 츠바이

그건 오해입니다.
It must be a misunderstanding.

Das muss ein Missverständnis sein.
다스 무스 아인 미스-
패어슈탠드니스 자인

저는 이것을 주문하지 않았습니다.
That's not what I ordered.

Das habe ich nicht bestellt.
다스 하-배 이히 니히트 배슈탤트

죄송합니다.
Excuse me.

Verzeihen Sie bitte!
패어차이언 지- 빗태

그러면 1번 정식을 가져다 드리겠습니다.
And then I'll bring you set meal number 1.

Ich bringe Ihnen dann Menü eins.
이히 브링애 이-낸 단
메뉴- 아인스

예, 그러시지요.
Yes, please.

Ja, bitte.
야- 빗태

아니오, 그러면 뭐 2번 정식을 먹어보지요.
No, I'll then try set meal Nr.2.

Nein, dann probiere ich eben mal Menü zwei.
나인 단 프로비어래 이히
에-밴 마-ㄹ 메뉴- 츠바이

5. 더 주문하기

우리는 잔이 하나 더 필요합니다.
We need another glass, please.

Wir brauchen noch ein Glas, bitte.
비-어 부라우헌   녹흐   아인 글라스 빗태

접시 좀 하나 더 가져다 주십시오.
Bring me another plate, please.

Bringen Sie mir noch einen Teller!
브링앤   지-   미-어 녹흐 아이낸   탤러

샐러드 좀 더 주세요.
I'd like some more salad.

Ich möchte noch Salat.
이히 뫼히태   녹흐   잘라-트

맥주 한잔 더 주세요.
I'd like to have another beer.

Ich möchte noch ein Bier.
이히 뫼히태   녹흐   아인 비-어

중세골목 - 로텐부르크의 시의 골목

6. 계산할 때

우리는 계산하고 싶습니다.
We would like to pay, please.

계산 좀 할까요.
I would like to pay, please.

우리에게 계산서 좀 갖다 줄래요?
Could you bring us the bill, please?

계산서 좀 갖다 주세요.
The bill, please?

계산서 좀 받을 수 있나요?
Can I have the bill?

여기 있습니다.
Here you are.

얼마지요?
How much is it?

그것은 46마르크 50입니다.
That's to DM46.50

함께 계산할 건가요 따로 계산하실 건가요?
Is the bill for everyone or is it to be paid separately?

함께 계산할 겁니다.
All together.

Wir möchten zahlen, bitte.
비-어 뫼히탠 차-ㄹ랜 빗태

Zahlen bitte!
차-ㄹ랜 빗태

Könnten Sie uns die Rechnung bringen?
쾐탠 지- 운스 디- 래히눙 브링앤

Die Rechnung bitte!
디- 래히눙 빗태

Kann ich bitte die Rechnung haben?
칸 이히 빗태 디- 래히눙 하-밴

Hier bitte!
히-어 빗태

Wie viel kostet es?
비- 피-ㄹ 코스탤 애스

Das macht 46 Mark 50.
다스 막흐트 46 마르크 50

Zusammen oder getrennt?
추잠맨 오-더 개트랜트

Zusammen.
추잠맨

제가 계산할 겁니다.
I'll pay.

Ich bezahle.
이히 배차-ㄹ래

제가 다 계산할 겁니다.
I pay altogether.

Ich zahle alles zusammen.
이히 차-ㄹ래 알래스 추잠맨

따로 계산할 겁니다.
Separately.

Getrennt.
개트랜트

따로 계산하고 싶습니다.
We would like to pay separately.

Wir möchten getrennt bezahlen.
비-어 외히탠 개트랜트 배차-ㄹ랜

우리는 각각 내겠습니다.
We pay separately.

Wir zahlen getrennt.
비-어 차-ㄹ랜 개트랜트

계산 좀 빨리 할까요?
ACan I pay straight away?

Kann ich sofort bezahlen?
칸   이히 조포르트 배차-ㄹ랜

봉사료가 포함된 겁니까?
Is service included in the price?

Ist die Bedienung inbegriffen?
이스트 디   배디-눙 인배그리팬

50마르크입니다. 그러면 됐죠.
DM 50. It's O.K. as it is.

50 Mark. Stimmt so.
50 마르크   슈팀트   조-

맞습니다.
That's fine.

Das stimmt so.
다스 슈팀트   조-

도나우 강

7. 팁을 줄 때

고맙습니다. 이것은 당신 몫/팁 입니다.
Thank you, it is for you.

Danke, das ist für Sie.
당캐   다스 이스트 퓌-어 지-

잔돈은 가지십시오.
Keep the change.

Behalten Sie das Kleingeld!
배할탠   지- 다스 클라인겔트

잔돈은 가져도 좋습니다.
You may keep the change.

Behalten Sie das Wechselgeld!
배할탠   지- 다스 백샐갤트

나머지는 당신 가지세요.
The rest is for you.

Der Rest ist für Sie.
데어 래스트 이스트 퓌-어 지-

여행자 수표를 받습니까?
Do you accept traveller's cheques?

Nehmen Sie Reiseschecks?
네-맨   지- 라이재쉑스

신용카드를 받습니까?
Do you accept credit card?

Nehmen Sie Kreditkarte an?
네-맨   지- 크래-디트카르탠 안

계산을 잘못하신 것 같은데요.
I think, you made a mistake in this bill.

Ich glaube, Sie haben sich verrechnet.
이히 글라우배   지- 하밴
지히 패어래히내트

신용카드로 계산해도 되나요?
Can I pay with a credit card?

Kann ich mit der Kreditkarte bezahlen?
칸   이히 미트 데어
크래디-트카르태 배차-ㄹ랜

6 초대

초대

오늘 저녁에 시간 있습니까?
Do you have a time tonight?

Haben Sie heute Abend Zeit?
하-밴 지- 호이태 아-밴트 차이트

내일 시간 있습니까?
Do you have a time tomorrow?

Sind Sie (morgen) frei?
진트 지- (모르갠)프라이

저하고 산책하러 가시겠습니까?
Would you like to go for a walk with me?

Möchten Sie gern mit mir spazieren gehen?
뫼히태 지- 걔른 밑 미-어 슈파치-어랜 게-ㄴ

영화관에 갈까요?
Let's go to the movies.

Gehen wir mal ins Kino!
게-언 비-어 마-ㄹ 인스 키-노

당신을 내일 다시 만나 뵐 수 있을까요?
Can I see you again tomorrow?

Kann ich Sie morgen wiedersehen?
칸 이히 지- 모르갠 비-더제-언

공교롭게도 저는 이미 다른 계획이 있습니다.
I'm sorry, I've already got an engagement.

Ich habe leider schon eine Verabredung.
이히 하-배 라이더 쇼-ㄴ 아이내 패어앞레-둥

주말에 계획이 있습니까?
Do you have any plans at weekend?

Haben Sie am Wochenende etwas vor?
하-밴   지- 암 복핸-
앤대   애트바스 포-어

아니오, 아직 아무 계획도 없습니다.
No, I have nothing planed.

Nein, ich habe noch nichts vor.
나인   이히 하-배 녹흐 니히츠 포-어

당신을 혹시 식사에 초대해도 됩니까?
May I perhaps invite you for a meal?

Darf ich Sie vielleicht zum Essen einladen?
다르프 이히   지-   피-ㄹ라이히트
춤   앳샌   아인라-댄

그래주신다면 정말 기쁩겠니다.
That would please me.

Das würde ich mich sehr freuen.
다스 뷔르대   이히 미히   제-어
프로이앤

제 제안인데요, 19시에 대학교 앞에서 만나지요.
I suggest, we meet at 19 o'clock at the university.

Ich schlage vor, wir treffen uns um 19 Uhr an der Uni.
이히   슐라개   포-어 비-어
트래팬   운스 움 노인체-ㄴ 우-어
안 데어 우니

오늘 저녁에 식사하러 갑시다.
How abut a meal this evening?

Wollen wir heute Abend essen gehen?
볼랜   비-어 호이태   아-밴트
앳샌   게-ㄴ

우리는 당신을 파티에 초대하고 싶어요.
We'd like to invite you to a party.

Gehen wir heute Abend zum Essen!
게-언   비-어 호이태   아-밴트
춤   앳샌

당신을 제 생일 파티에 초대하고 싶습니다.
I would like to invite you to my birthdayparty.

Ich möchte Sie auf meine Geburtstagsparty einladen.
이히   뫼히태   지- 아우프
마이내 개부어츠타-ㄱ스파티 아인라-댄

초대

우리는 가든파티를 여는데, 혹시 저희들에게 오실 수 있습니까?
We'll hold a gardenparty, can you perhaps come to us?

내일 저녁에 오실 수 있습니까?
Could you possibly come tomorrow evening?

잊지 마십시오.
Don't forget please.

Wir machen eine Gartenparty, können Sie vielleicht zu uns kommen?
비-어 막핸 아이내
가르탠파티 쾐낸 지-
피-ㄹ라이히트 추 운스 콤맨

Könnten Sie morgen Abend kommen?
쾐탠 지- 모르갠
아-밴트 콤맨

Vergessen Sie es bitte nicht!
패어갯슨 지- 애스 빗태
니히트

로렌부르크의 좁은 집

7 길 묻기

길 물어보기

저는 길을 잃었습니다.
I have lost my way.

Ich habe den Weg verloren.
이히 하-배 덴 베-ㄱ 패어로-랜

어디 가시려고 합니까?
Where do you want to go, please?

Wohin wollen Sie gehen?(/fahren?)
보-힌 볼랜 지- 게-언(/파-랜)

시청으로 가는 길이 어디입니까?
How can I go to the city hall?

Wie komme ich zum Rathaus?
비- 콤매 이히 춤 라-트하우스

시내로 가려면 어떻게 가는 게 가장 좋지요?
How do I most get to town?

Wie komme ich am besten zur Stadtmitte?
비- 콤매 이히 암 배스탠 추어 슈타트밋태

시내로 가는 길을 아십니까?
Do you know, how to get to town?

Wissen Sie, wie man in die Stadt fährt?
빗샌 지- 비- 만 인 디 슈타트 패-어트

우체국이 어디 있습니까? Where is the post office?	Wo ist die Post? 보- 이스트 디- 포스트
우체국은 중앙역 근처에 있습니까? Is it near the main staition?	Ist sie in der Nähe vom Hauptbahnhof? 이스트 지- 인 데어 내어 폼 하우프트바-ㄴ호-프
나는 길을 잃어버릴지도 모릅니다. I might miss the way.	Ich könnte den Weg verlieren. 이히 쾐태 데-ㄴ 베-ㄱ 패어리랜
그것을 지도에 표시해 주시겠습니까? Could you point it out on the plan?	Könnten Sie es mir auf der Karte zeigen? 쾐탠 지- 에스 미-어 아우프 데어 카르태 차이갠
시청으로 가는 길을 알려 주실 수 있습니까? Could you tell me, how I get to the city hall?	Können Sie mir sagen, wie ich zum Rathaus komme? 쾐낸 지- 미-어 자-갠 비- 이히 춤 라-ㅌ하우스 콤매
곧 장 가십시오. Keep straight on.	Fahren Sie immer geradeaus! 파-랜 지- 임머 개라대아우스
곧장 가십시오 그러면 큰 광장에 닿을 겁니다. Keep straight on and then you get to a big square.	Gehen Sie geradeaus und dann kommen Sie auf einen großen Platz. 게-ㄴ 지- 개라대아우스 운트 단 콤맨 지- 아우프 아이낸 그로-ㅅ샌 플라츠
이 광장에서 오른쪽으로 가십시오. At this square you turn right.	An diesem Platz gehen Sie rechts. 안 디-잼 플라츠 게-ㄴ 지- 래히츠

그리고 나서 좀더 가면 왼쪽에 우체국이 있어요.
And then a bit further along on your left is the post office.

Und dann etwas weiter auf der linken Seite ist das Postamt.
운트 단 애트바스 바이터 아우프 대어 링캔 자이태 이스트 다스 포스트암트

그 오른쪽에 시청이 있습니다.
Right there is the city hall.

Da rechts ist das Rathaus.
다- 래히츠 이스트 다스 라-트하우스

예, 지금 여기서 시청광장을 가로질러 가면 바-ㄴ호프 슈트라-쎄에 닿을 겁니다.
Yes, you from here across the city hall square, and then you'll get to the railway street.

Ja, Sie gehen jetzt hier über den Rathausplatz, und kommen dann auf die Bahnhofstraße.
야- 지- 게-언 애츠트 히-어
위버 데-ㄴ 라-트하우스플라츠
운트 콤맨 단 아우프
바-ㄴ 호-프슈트라-ㅅ새

길묻기

성곽도시

그러면 당신은 곧바로 중앙역으로 가게됩니다.
And then you walk straight ahed to the main station.

Sie laufen dann direkt auf den Hauptbahnhof zu.
지-ㄹ 라우팬 단 디랙트 아우프
데-ㄴ 하우프트바-ㄴ호-프 추

걸어 갈 수 있나요, 아니면 차를 타야하나요?
Can I walk or must I take a car?

Kann ich zu Fuß gehen, oder muss ich einen Wagen nehmen?
칸 이히 추 푸-스 게-언
오더 뭇스 이히 아이낸 바-갠 네-맨

택시를 타십시오, 여기서 너무 멉니다.
Take a taxi, it is very far from here.

Nehmen Sie ein Taxi, es ist sehr weit von hier.
네-맨 지- 아인 탁시- 애스
이스트 제-어 바이트 폰 히-어

이 길이 라이프치히로 가는 길 맞습니까?
Is this the right way to Leipzig?

Komme ich auf diesem Weg nach Leipzig?
콤매 이히 아우프 디-잼
베-ㄱ 낙흐 라이프치히

미안합니다만, 하겐으로 가는 길을 알려주시겠어요?
Would you be so good as to direct me to Hagen?

Würden Sie so gut sein, mir den Weg nach Hagen zeigen?
뷔르댄 지- 조- 구-트 자-인
미어 데-ㄴ 베-ㄱ 나-ㄱ흐 하갠 차이갠

그렇다면 여기 이 길을 따라 가는 게 제일 좋습니다.
Then the best is to go here along this road.

Da gehen Sie am besten hier diese Straße entlang.
다- 게-언 지- 암 배스탠
히-어 디-재 슈트라새 앤틀랑

이 전차는 어디로 갑니까?
Where does this tram go?

Wohin fährt diese Straßenbahn?
보-힌 패-어트 디-재
슈트라-ㅅ샌바-ㄴ

이 길은 어디로 가는 길입니까?
Where does this road lead to?

Wohin führt diese Straße?
보-힌 퓌-르트 디-재 슈트라-ㅅ새

도르트문트로 가는 길을 알려주십시오.
Please show me the road for Dortmund.

Würden Sie mir die Straße nach Dortmund angeben?
뷔르댄 지- 미-어 디- 슈트라-ㅅ새 나-ㄱ흐 도르트문트 안게-밴

앳샌으로 가는 가장 빠른 길이 어느 것입니까?
Which is the best road for Essen?

Welches ist der beste Weg nach Essen?
밸해스 이스트 데어 배스태 베-ㄱ 낙흐 앳샌

드레스댄으로 가는데 얼마나 걸립니까?
How long will it take to reach Dresden?

Wie lange braucht man nach Dresden?
비-ㄹ 랑애 브라욱흐트 만 나-ㄱ흐 드래스댄

우회 할만 한가요?
Is it worthwhile making a detour?

Lohnt es sich, einen Umweg zu machen?
로-ㄴ트 애스 지히 아이낸 움베-ㄱ 추 막헌

거리가 얼마나 됩니까?
How far is it?

Wie weit ist es?
비- 바이트 이스트 애스

여기서부터 아직도 먼가요?
Are we far from?

Sind wir noch weit davon entfernt?
진트 비어 녹흐 바이트 다폰 앤트패른트

첫 번째 길에서 우회전하십시오.
Take the first right.

Biegen Sie die erste Straße rechts ab!
비-갠 지- 디- 애어스태 슈트라-ㅅ새 래히츠 압

첫 번째 신호등에서 좌회전하십시오.
Left at the first set of traffic lights.

An der ersten Ampel links.
안 데어 애어스탠 암팰 링크스

다음 번 신호등에서 직진하십시오.

Fahren Sie an der nächsten Ampel geradeaus.

길 묻기

Go straight through the next light.
파-랜 지- 안 데어
낵스탠 암쁄 개라대아우스

교회 앞에서 우회전하십시오.
Go right at the church.

An der Kirche rechts.
안 데어 키르해 래히츠

다리를 건너가십시오.
Go accros the bridge.

Gehen/Fahren Sie über die Brücke!
게-언/파-랜 지- 위-버
디- 브뤼캐

네거리까지 이 방향으로 되돌아가십시오.
Go back this way until the crossroads.

Fahren Sie in dieser Richtung zurück bis zur Kreuzung.
파-랜 지- 인 디-저
리히퉁 추-뤽 비스 추어
크로이-충

미안합니다, 저도 이곳에 낯선 사람입니다.
I'm sorry, I'm a strager here too.

Tut mir Leid, ich bin auch fremd hier.
투-트 미어 라이트 이히 빈
아욱흐 프램트 히-어

실례지만 역으로 가는 길이 어디입니까?
Excuse me, can you tell me where the station is?

Entschuldigen Sie, bitte, wo ist hier der Bahnhof!
앤트슐디갠 지- 빗태
보- 이스트 히어 데-어 바-ㄴ 호-프

걸어서 갈 수 있습니까?
Can I walk there?

Kann ich zu Fuß gehen?
칸 이히 추 푸-쓰 게-언

예, 여기서 멀지 않아요.
Yes, it is not far from here.

Ja, es ist nicht weit von hier.
야 애스 이스트 니히트 바이트 폰
히-어

아니오, 버스를 타고 가야합니다.
No, you must take a bus.

Nein, Sie müssen mit dem Bus fahren.
나인 지- 뮛샌 밑
뎀 부스 파-랜

버스로 약 15분 거리입니다.
It takes about 15 minutes with the bus.

Es sind etwa 15 Minuten mit dem Bus.
애스 진트 애트바- 퓐프챈 미누-탠
밑   뎀   부스

걸어서 10분 거리입니다.
About a ten minutes walk.

Es sind etwa 10 Minuten zu Fuß.
애스 진트 애트바- 체-ㄴ 미투-탠
추- 푸-쓰

로텐부르크 시의 시가지

라인강의 주변

길묻기

8 시내관광

시내관광

어느 곳을 구경하고 싶습니까?
What place do you want to see?

Was möchten Sie sich ansehen?
바스 뫼히탠   지- 지히 안제-ㄴ

무엇을 구경하고 싶습니까?
What do you want to see?

Was wünschen Sie zu sehen?
바스 뷘샌   지- 추 제-ㄴ

구경하고 싶은 곳을 선택하십시오.
Please choose the places you want to see.

Bitte, wählen Sie aus, was Sie sehen wollen.
빗태   베-ㄹ랜   지- 아우스
바스 지- 제-ㄴ 볼랜

저는 볼만한 것을 모두 구경하고 싶습니다.
I want to see all that is worth seeing.

Ich möchte alles sehen, was sehenswert ist.
이히 뫼히태   알래스 제-언
바스 제-ㄴ스베르트   이스트

어느 것이 가장 볼만한 것들입니까?

Welches sind die bedeutendsten

What are the main points of interest?

Sehenswürdigkeiten?
밸해스 진트 디-
배도이탠트스탠
제-ㄴ스뷔르디히카이탠

구경하기에 재미있는 장소들은 어느 것입니까?
What are the interesting places to see?

Welche Sehenswürdig-keiten sind interessant?
밸해스 제-ㄴ스뷔트디히카이탠
진트 인터래싼트

저는 가장 유명한 곳들을 구경하고 싶습니다.
I want to see the most noted places.

Ich möchte die berühmtesten Sehens-würdigkeiten sehen.
이히 뫼히태 디- 배뤼-ㅁ태스탠
제-ㄴ스뷔르디히카이탠 제-ㄴ

우리는 이 도시의 명소들을 보고 싶습니다.
We want to see the sights of this town.

Wir möchten die Sehens-würdigkeiten dieser Stadt besuchen.
비-어 뫼히탠 디-
제-ㄴ스뷔르디히카이탠 디-저
슈타트 배주-ㄱ헌

진짜 독일다운 것을 보고 (알고) 싶습니다.
I want to see the real German.

Ich möchte das echte Deutschland kennen lernen.
이히 뫼히태 다스 애히태
도이휠란트 캔낸 래르낸

시내 안내책자를 어디서 얻을 수 있습니까?
Where can I get a guidebook of the town?

Wo kann ich einen Führer von der Stadt bekommen?
보- 칸 이히 아이낸
퓌-러 폰 데어 슈타트 배콤맨

관광 안내책자 좀 제게 추천해 줄 수 있습니까?
Can you recommend a good guidebook on a sightseeing tour?

Können Sie mir einen guten Reiseführer für die Stadtbesichtigung empfehlen?
쾐낸 지- 미-어 아이낸
구-탠 라이재퓌-러 퓌어
디-슈타트배지히티궁앤 앰패-ㄹ랜

시내관광

여기 이 도시의 안내책자가 있습니다.
This is a guide book of this town.

Hier ist ein Reiseführer dieser Stadt.
히-어 이스트 아인 라이재퓌-러 디-저 슈타트

성을 구경할 수 있습니까?
Can one see over the castle?

Kann man das Schloss besichtigen?
칸 만 다스 슐롯스 배지히티갠

우리가 안내원의 인도를 받아야만 합니까?
Must we take a guide?

Müssen wir einen Führer haben?
뮛섄 비-어 아이낸 퓌러 하-밴

안내는 얼마나 걸립니까?
How loan one see over the castle?

Wie lange dauert die Führung?
비- 랑애 다우어트 디- 퓌-룽

안내원에게 얼마나 주어야 합니까?
How much ought I to give the guide?

Wie viel muss ich dem Führer geben?
비- 피-ㄹ 뭇스 이히 데-ㅁ 퓌-러 게-밴

몇 시에 관광이 시작됩니까?
Whar time does the tour start?

Um wie viel Uhr beginnt die Rundfahrt?
움 비- 피-ㄹ 우-어 배긴트 디- 룬트파-르트

그림엽서는 어디서 살 수 있습니까?
Where can one buy the picture postcards?

Wo kann man die Ansichtskarten kaufen?
보- 칸 만 디- 안지히츠카르탠 카우팬

카탈로그는 얼마입니까?
How much is the catalogue?

Was kostet der Katalog?
바스 코스텔 데어 카탈로-ㄱ

나는 기념물들에 흥미가 있습니다.
I am interested in Memorials.

Ich interessiere mich für Denkmale.
이히 인터래시어래 미히 퓌-어

나는 먼저 성당을 구경하고 싶습니다.
I would like to see the cathedral first.

댕크마-ㄹ래

Ich möchte mir zuerst den Dom ansehen.
이히 뫼히태   미-어 추-애어스트 댄 도-ㅁ 안제-언

유람하는데 얼마입니까?
How much does the tour cost?

Was kostet die Rundfahrt?
바스   코스탤   디- 룬트파-르트

수도원은 어디입니까?
Where is the convent?

Wo ist das Kloster?
보 이스트 다스 클로스터

저 성 이름은 무엇입니까?
What is the name of that castle?

Wie heißt das Schloss?
비- 하이스트 다스 슐롯스

이 거리의 이름은 무엇입니까?
What street is this?

Wie heißt diese Straße?
비- 하이스트 디-재 슈트라-ㅅ새

하이네 슈트라-To라고 합니다.
This is the Heine Street.

Sie heißt Heinestraße.
지- 하이스트 하이내슈트라-ㅅ새

저것은 무슨 건물입니까?
What nuilding is that?

Was für ein Gebäude ist das?
바스 퓌-어 라인 개보-이대 이스트 다스

버스는 어디서 출발합니까?
Where does the bus start from?

Von wo fährt der Autobus ab?
폰   보-   패-르트 데어 아우토부스 압

호텔 앞에서요.
From the hotel.?

Von dem Hotel aus.
폰 데-ㅁ 호탤 아우스

우리는 무엇을 타고 갑니까?
What do we go by?

Womit fahren wir?
보-밑 파-랜   비어

어떤 버스를 우리가 타야 합니까?
What bus do we take?

Welchen Bus müssen wir nehmen?
밸햄   부스   뮛샌
비-어 네-맨

박물관은 월요일에 문을 엽니까?
Is the museum open on Mondays?

Ist das Museum montags geöffnet?
이스트 다스   무제-움
몬타-ㄱ스 개왜프내트

식물원은 언제 문을 엽니까?
When does the botanical gardens open?

Wann öffnet der Botanische Garten?
반   왜프내트   데어
보타-니새 가르탠

미술관은 언제 문을 닫습니까?
When does the art gallery close?

Wann schließt die Kunstgalerie?
반   슐리스트   디-
쿤스트갈러리-

입장권은 어디서 받습니까?
How much is the entrance fee?

Wo bekommt man die Eintrittskarte?
보- 배콤트   만   디-
아인트리츠카르태

입장권은 얼마입니까?
How much is the entrance fee?

Was kostet die Eintrittskarte?
바스 코스탵 디- 아인트리츠카르태

보덴호

9 렌터카

렌터카

이 근처에 렌터카 회사가 있습니까?
Is there a car rental company near here?

Wo gibt es in der Nähe eine Autovermietung?
보 깁트 애스 인 데어 내-어 아이내 아우토패어미-퉁

저는 3일간 자동차를 빌리고 싶습니다.
I wish to rent a car for three days.

Ich möchte einen Wagen drei Tage mieten.
이히 뫼해태 아이낸 바-갠 드라이 타-개 미-탠

차를 언제 쓰실 겁니까?
When would you like to use it?

Wann brauchen Sie den Wagen?
반 브라욱헌 지- 데-ㄴ 바-갠

오늘 필요합니다.
I need it today.

Den brauche ich heute.
데-ㄴ 브라욱허 이히 호이태

주말에 필요합니다.
I need it in weekend.

Den brauche ich am Wochenende.
데-ㄴ 브라욱허 이히 암 복헌앤대

얼마동안 쓸 겁니까?
How long would you like to use it?

Wie lange brauchen Sie den Wagen?
비-ㄹ랑애 브라욱헌 지- 데-ㄴ 바-갠

차를 딱 하루만 이용하고 싶습니다.
I'd like to rent a car for just on day.

Ich möchte den Wagen nur einen Tag mieten.
이히 뫼히태 데-ㄴ 바-갠
누-어 아이낸 타-ㄱ 미-탠

3일간 사용할 겁니다.
I'd like to rent it for three days.

Für drei Tage.
퓌-어 드라이 타-개

어떤 차를 원하십니까?
What kind of a car do you want?

Was für einen Wagen möchten Sie?
바스 퓌-어 아이낸 바-갠 뫼히탠 지-

소형차를 빌리고 싶습니다.
I'd like to rent a compact car.

Ich hätte gern einen Kleinwagen.
이히 해태 개른 아이낸 클라인 바-갠

자동 변속기가 있는 중형차를 한 대 빌릴 수 있을까요?
May I rent a medium-sized car with an automatic?

Kann ich einen Mittelklassewagen mit Automatik mieten?
칸 이히 아이낸 미탤클랏새바-갠
미트 아우토마-틱 미-탠

벤츠를 한 대 빌리고 싶습니다.
I'd like to rent a Benz.

Ich hätte gern einen Benz geliehen.
이히 해태 개른 아이낸 밴츠 갤리-언

자동변속 차량으로 하고 싶습니다.
A car with automatic gear change.

Einen Wagen mit Automatikschaltung.
아이낸   바-갠   미트
아우토마-틱샬퉁

수동변속 차량으로 하고 싶습니다.
A car with gear change.

Einen Wagen mit Gangschaltung.
아이낸   바-갠 미트 강샬퉁

종합보험이 들어있는 차

Ich hätte gern einen

를 한 대 원합니다.
I'd like it with a full insurance.

Wagen, der voll versichert ist.
이히 해태 개른 아이낸 바-갠
데어 폴 패어짓혀르트 이스트

하루에 요금이 얼마입니까?
What's the cost per day?

Wie viel nehmen Sie für einen Tag?
비- 피-일 네-맨 지- 뷔-어 아이낸 타-ㄱ

이 차는 하루에 90마르크입니다.
This car rents at 90 marks.

Wir vermieten ihn für 90 DM pro Tag.
비-어 패어미-탠 이-ㄴ 뷔어 노인치히 마르크 프로 타-ㄱ

렌터카

주말 요금은 얼마입니까?
What's the weekend rate, please?

Wie hoch ist der Wochenendtarif?
비- 혹흐 이스트 데어 복헌앤트타리-프

보증금이 얼마입니까?
How much is the deposit?

Wie hoch ist die Anzahlung?
비- 혹흐 이스트 디 안차-ㄹ룽.

요금에 휘발유값이 포함됩니까?
Is the patrol included in price?

Ist das Benzin im Preis enthalten?
이스트 다스 벤치-ㄴ 임 프라이스 앤트할탠

목적지에 가서 차를 반납해도 되나요?
May I drop the car off at my destination?

Darf ich den Wagen am Ziel zurückgeben?
칸 이히 덴 바-갠 암 치-ㄹ 추뤽게-밴

공항에서 차를 반납할 수 있나요?
Can I drop the car off at the airport?

Kann ich den Wagen am Flughafen zurückgeben?
칸 이히 덴 바-갠 암 플루-ㄱ하-팬 추뤽게-밴

보험을 들고 싶습니다.
I'd like to insure.

Ich möchte eine Versicherung abschließen.
이히 뫼히태 아이내 패어짓혀룽 압슐

보험은 선불입니다.
You must pay your insurance in advance.

운전면허증을 갖고 계십니까?
Do you have your driving licence?

예, 저는 국제면허증을 갖고 있습니다.
Yes, I have a international driving licence.

리-쌘

Sie müssen Ihre Versicherung im voraus bezahlen.
지- 뮜샌 이어래
패어짓혀룽 임 포어라우스 배차-ㄹ랜

Haben Sie Ihren Führerschein dabei?
하-밴 지- 이어랜
퓌-러샤인 다바이

Ja, ich habe einen internationalen Führerschein.
야 이히 하-배 아이낸
인터나치오나-ㄹ랜 퓌-러샤인

피니제 호수의 유람선

10 물건사기

I. 쇼핑할 때의 표현

가장 가까운 백화점이 어디입니까?
Where is the nearest department store?

Wo ist das nächste Kaufhaus?
보- 이스트 다스 낵스태 카우프하우스

쇼핑센터가 어디입니까?
Where is the shopping center?

Wo ist das Einkaufszentrum?
보- 이스트 다스 아인카우프스챈트룸

이 근처에 좋은 슈퍼마켓이 어디 있습니까?
Where is a good supermarket near?

Wo ist ein guter Supermarkt hier in der Nähe?
보- 이스트 아인 구-터 주-퍼마르크트 히-어 인 데어 내-어

여기 가게들이 언제 문을 엽니까?
At what time do the shops open here?

Wann öffnen hier die Läden?
반 왜프낸 히-어 디- 래-댄

여기 가게 문 닫는 시간이 언제입니까?
At what time do the shops close

Wann ist hier Ladenschluss?
반 이스트 히-어 라-댄슐루쓰

here?

무엇을 도와드릴까요?
(무엇을 찾으시지요?)
May I help you?

Womit kann ich Ihnen dienen?
보-밑 칸 이히 이-낸 디-낸

도와드릴까요? (무엇을 찾으시지요?)
Can I help you?

Kann ich Ihnen helfen?
칸 이히 이-낸 핼팬

무엇을 찾으십니까?
Please what do you looking for?

Was suchen Sie bitte?
바스 주-ㄱ헌 지- 빗태

무엇을 드릴까요?
What do you want?

Sie wünschen?
지- 뷘섄

무엇을 보여드릴까요?
What can I show you?

Was darf es sein?
바스 다르프 애스 자-인

그냥 둘러보고 있는 중입니다.
I'm just looking round.

Ich sehe mich nur um.
이히 제-어 미히 누-어 움

고마워요 그냥 구경하고 있는 중입니다.
I'm just looking thanks.

Ich schaue mich nur um, danke.
이히 샤우애 미히 누-어 움 당캐

기념품을 하나 사고 싶습니다.
I would like to buy a souvenir.

Ich möchte ein Andenken kaufen.
이히 뫼히태 아인 안댕캔 카우팬

나는 장보러 갑니다.
I'm going to shopping to do.

Ich gehe einkaufen.
이히 게-어 아인카우팬

나는 장보러 가야 합니다.
I have to go shopping.

Ich muss einkaufen gehen.
이히 뭇스 아인카우팬 게-언

2. 마음에 들지 않을 때

그것은 내게 안 맞습니다.
That does not fit me.

Es passt mir nicht.
애스 팟스트 미-어 니히트

이것은 제 치수가 아닙니다.
This is not my size.

Das ist nicht meine Größe.
다스 이스트 니히트 마이내 그뢰-쎄

너무 큽니다.
It is too big.

Das ist zu groß.
다스 이스트 추- 그로-쓰

너무 좁아요/꽉 껴요.
It is too tight.

Das ist zu eng.
다스 이스트 추- 앵

더 싼 것은 없습니까?
Haven't you anything cheaper?

Haben Sie nichts Billigeres?
하-밴 지- 니히츠 빌리거래스

더 큰 것은 없습니까?
Haven't you anything larger?

Haben Sie nichts Größeres?
하-밴 지- 니히츠 그뢰-ㅅ서래스

다른 것들 좀 보여주시겠습니까?
Could you show me some more?

Würden Sie mir noch andere zeigen?
뷔르댄 지- 미-어 녹흐 안더래 차이갠

그것은 너무 야해요, 저는 아주 단순한 것을 원해요.
That is to fancy, I want something quite simple.

Das ist zu schick, ich will etwas ganz Einfaches.
다스 이스트 추- 쉭 이히 빌 애트바스 간츠 아인팍해스

더 좋은 품질을 원합니다.
I want a better quality.

Ich möchte eine bessere Qualität.
이히 외히태 아이내 뱃서래 크발리태-트

3. 결정하기

좋습니다. 그것을 사겠습니다.
Good, I'll take it.

그것을 사겠습니다.
I'll take it.

포장해 줄 수 있습니까?
Can you make a parcel of it?

아니오, 그것은 마음에 안 들어요.
No, I don't like it.

그것은 내가 원하는 게 아닙니다.
That is not what I want.

색깔이 마음에 안 들어요.
I don't like the colour.

Gut, das nehme ich.
구-트 다스 네-매 이히

Die/Den nehme ich.
구-트 디-/데-ㄴ 네-매 이히

Können Sie es einpacken?
쾐낸 지- 애스 아인팍캔

Nein, das gefällt mir nicht.
나인 다스 개팰트 미-어 니히트

Das ist nicht das, was ich will.
다스 이스트 니히트 다스 바스 이히 빌

Die Farbe gefällt mir nicht.
디- 파-르배 개팰트 미-어 니히트

4. 가격 물을 때

얼마입니까?
How much is it?

이것은 얼마입니까?
How much does it cost?

69마르크입니다.

Was kostet das?
바스 코스텔 다스

Wie viel kostet das hier?
비- 피-ㄹ 코스텔 다스 히-어

Es kostet 69 Mark.

It is 69 mark.

애스 코스텔 69 마르크

그것 좀 써 주십시오.
Please write it down.

Schreiben Sie es bitte auf!
슈라이밴   지- 애스 빗태 아우프

신용카드를 받습니까?
Do you accept credit cards?

Nehmen Sie Kreditkarten an?
네-맨   지-   크래디-ㅌ
카르태   안

이 신용카드로 계산할 수 있습니까?
Can I pay with this credit card?

Kann ich mit dieser Kreditkarte zahlen?
칸   이히   밑   디-저
크래디-ㅌ카르태 차-ㄹ랜

이것으로 계산할 수 있나요?
Can I use this? (credit card?)

Kann ich hiermit bezahlen?
칸   이히 히-어밑 배차-ㄹ랜

부가가치세를 공제 받을 수 있습니까?
Can I have the V.A.T. deducted

Kann die Mehrwertsteuer abgezogen werden?
칸   디- 메-어배르트슈토이어
압개초갠   배르댄

값을 조금 깎아 줄 수 있습니까?
Can you make it cheaper?

Können Sie es bitte etwas billiger geben?
쾬낸   지-   애스 빗태
애트바스 빌리거   게-밴

값을 조금 깎아 줄 수 있습니까?
Can you reduce the price a little?

Können Sie den Preis etwas ermäßigen?
쾬낸   지-   댄 프라이스
애트바스 애어맷시갠

죄송합니다만 깎아드릴 수가 없습니다.
I'm sorry but I can't reduce the price even a little.

Es tut mir Leid, ich kann nichts ablassen.
애스 투트 미-어   라이트 이히 칸
니히츠 압랏샌

여기는 정찰제 입니다.
We don't ask two prices.

Wir haben feste Preise.
비-어 하-밴 패스태 프라이재

우리는 정찰제로 판매합니다.
We sell at fixed price.

Wir verkaufen zu festen Preisen.
비-어 패어카우팬 추- 패스탠 프라이잰

좀 더 생각해 봐야겠습니다.
I have to think over again.

Ich muss es mir noch überlegen.
이히 뭇스 애스 미-어 녹흐 위-벌-래-갠

5. 물건을 교환하거나 환불 받을 때

이것을 무르고 싶습니다.
I want to return this.

Ich möchte das zurückgeben.
이히 외히태 다스 추뤽게-밴

이 가방을 바꾸어 주시겠습니까?
Can you please exchange this bag?

Kann ich diese Tasche bitte umtauschen?
칸 이히 디-재 탓섀 빗태 움타우섄

돈을 환불받고 싶습니다.
I'd like a refund.

Ich möchte das Geld zurückerstattet haben.
이히 외히태 다스 갤트 추뤽애어슈탓태트 하-밴

로텐부르크의 지붕

6. 옷 사기

양복 한 벌을 사고 싶습니다.
I'd like to buy a suit.

Ich möchte einen Anzug kaufen.
이히 뫼히태 아이낸 안추-ㄱ 카우팬

저는 원피스를 하나 찾고 있습니다.
I'm looking for a dress.

Ich suche ein Kleid.
이히 주-ㄱ허 아인 클라이트

쟈켓을 하나 사고 싶습니다.
I would like to buy a jacket.

Ich möchte eine Jacke kaufen.
이히 뫼히태 아이내 약캐 카우팬

스웨터를 하나 사고 싶습니다.
I'd like to buy a pullover.

Ich hätte gern einen Pullover.
이히 햇태 개른 아이낸 풀로버

셔츠 있습니까?
Do you have shirts?

Haben Sie Hemden?
하-밴 지- 아이내 햄댄

많이 있습니다.
We have a lot of them.

Wir haben eine große Auswahl.
비어 하-밴 아이낸 그로-ㅅ새 아우스바-ㄹ

넥타이 좀 보여 주시겠습니까?
Can you show me some neck ties?

Können Sie mir Krawatten zeigen?
쾐낸 지- 미-어 크라바탠 차이갠

그것들은 저기 있습니다.
They are over there.

Sie sind dort drüben.
지- 진트 도르트 드뤼-밴

그것은 저기 있습니다.
It's over there.

Es/Er/Sie ist dort drüben.
애스/에-어/지- 이스트 도르트 드뤼-밴

이것은 제 치수가 아닙니다.
This is not my size.

Das ist nicht meine Größe.
다스 이스트 니히트 마이내 그뢰-쎄

치수가 얼마입니까?
What size do you take?

Welche Größe haben Sie?
밸해   그뢰-쎄   하-밴 지-

치수가 얼마입니까?
What is your size in your shirt?

Welche Kragenweite haben Sie?
밸해   크라-갠바이태   하-밴 지-

치수 43입니다.
Size 43.

Größe 43.
그뢰-쎄 43

정확히 모릅니다.
I don't know about it.

Ich weiß es nicht genau.
이히 바이스 애스 니히트 개나우

저는 독일 치수를 모릅니다.
I don't know the German size.

Ich kenne die deutsche Größe nicht.
이히 캔내 디- 도이춰 그뢰-쎄 니히트

치수를 재어주십시오.
Please take my measure.

Bitte, nehmen Sie Maß.
빗태 네-맨 지- 마-스

치수를 재겠습니다.
Let me take your measure please.

Gestatten Sie, dass ich Maß nehme.
개슈탓탠   지- 다스 이히
마-스 네-매

이것이 잘 맞을 것 같습니다.
I think this will fit you closely.

Ich glaube, dieser ist gerade richtig.
이히 글라우배 디-저 이스트
개라-대 리히티히

그것은 제게 안 맞습니다.
It doesn't fit me.

Das passt mir nicht.
다스 파쓰트 미-어 니히트

이 양복 어떻습니까?
How about this suit?

Wie wär's mit diesem Anzug?
비- 배어스 밑 디-잼 안추-ㄱ

그것은 제가 찾는 것이 아닙니다.
It's not really what I'm looking for.

Er ist nicht das, wonach ich suche.
애어 이스트 니히트 다스 보-나-ㄱ흐
이히 주-ㄱ허

이 쟈켓은 어떻습니까?
How about this jacket?

Wie wäre es mit dieser Jacke?
비- 배-래 애스 밑 디-저 약캐

어떤 색깔을 좋아하십니까?
What color do you like?

Welche Farbe bevorzugen Sie?
밸해 파르배 배포-어추-갠 지-

은회색을 좋아합니다.
I like kight grey.

Ich habe silbergrau gern.
이히 하-배 질버그라우 개른

이 색깔은 너무 눈에 띱니다.
This color is too bright.

Diese Farbe is zu auffallend.
디-재 파르배 이스트 추- 아우프팔랜트

좀 더 밝은 색깔이 좋겠습니다.
I'd like to have a light one.

Ich hätte lieber eine hellere Farbe.
이히 왜히태 리-버 아이내
핼러래 파르배

이 색깔은 내게 너무 진합니다.
This color is too dark for me.

Diese Farbe ist mir zu dunkel.
디-재 파르배 이스트 미-어 추- 둥캘

나는 이 색깔을 좋아하지 않습니다.
I don't like this color.

Ich mag diese Farbe nicht.
이히 막 디-재 파르배 니히트

다른 색깔로 같은 무늬가 있습니까?
Do you have the same pattern in another color?

Haben Sie das gleiche Muster in einer anderen Farbe?
하-밴 지- 다스 글라이해
무스터 인 아이너 안더랜 파르배

이 회색 양복은 어떻습니까?
How do you think about this

Wie finden Sie denn diesen grauen Anzug?

grey suit?
비- 핀댄 지- 댄 디-잰 그라우앤 안추-ㄱ

그것을 입어보아도 됩니까?
May I try it on?

Darf ich ihn anpro-bieren?
다르프 이히 이-ㄴ 안프로비어랜

탈의실이 어디입니까?
Where is the fitting room?

Wo ist die Kabine.
보- 이스트 디- 카비-내

탈의실은 이 앞에 있습니다.
The fitting room is here at the front.

Die Kabinen sind hier vorne.
디- 카비-낸 진트 히-어 포-르내

여기 거울 있습니까?
I there a mirror?

Gibt es hier ein Spiegel?
깁트 애스 히-어 아인 슈피-갤

이 양복은 당신에게 잘 어울립니다.
This suit is quite suitable for you.

Dieser Anzug passt Ihnen gut.
디-저 안추-ㄱ 팟스트 이-낸 구-ㅌ

이 셔츠는 당신의 양복에 잘 어울립니다.
This shirt is quite suitable for your suit.

Dieses Hemd passt gut zu Ihrem Anzug.
디-재스 햄트 팟스트 구-ㅌ 추- 이어램 안추-ㄱ

쟈켓이 당신에게 아주 잘 어울립니다.
The jacket is quite suitable for you.

Die Jacke steht Ihnen sehr gut.
디- 약캐 슈태-트 이-낸 제-어 구-ㅌ

이것(쟈켓) 좋군요. 이걸로 사겠습니다.
That's fine, I'll take it.

Die ist gut, die nehme ich.
다스 이스트 구-ㅌ 디- 네-매 이히

그것을 선물용으로 포장 좀 해주시겠습니까?
Could you gift-wrap it for me?

Könnten Sie es für mich als Geschenk einpacken?
괜탠 지- 애스 퓌-어 미히 알스 개섕크 아인팍캔

7. 구두를 살 때

나는 구두를 한 켤레 사고싶습니다.
I want to have a pair of shoes.

Ich möchte ein Paar Schuhe.
이히 뫼히태 아인 파- 슈-어

어떤 구두를 원하십니까?
What shoes do you wish?

Was für Schuhe wünschen Sie?
바스 퓌-어 슈-어 뷘샌 지-

어떤 구두를 원하십니까?
What kind of them do you want?

Was für welche möchten Sie?
바스 퓌-어 밸해 뫼히탠 지-

검정 구두를 샀으면 합니다.
I'd like to have black shoes.

Ich hätte gern schwarze Schuhe.
이히 햇태 개른 슈바르채 슈-어

나는 갈색구두를 원합니다.
I want to have brown shoes.

Ich möchte braune Lederschuhe haben.
이히 뫼히태 브라우내
레-더슈-어   하-밴

굽이 높은 검정 구두를 원합니다.
Black shoes with a high hill.

Schwarze Lederschuhe mit hohem Absatz.
슈바르채   레-더슈-어
밑 호-앰   압자츠

굽이 낮은 구두를 원합니다.
I wish leather shoes with a low hill.

Ich wünsche Lederschuhe mit flachem Absatz.
이히 뷘새   레-더슈-어
밑 플락햄   압자츠

나는 신발 치수 38을 신습니다.
My shoes-size is 38.

Ich habe Größe 38.
이히 하-배 그뢰-쌔 38

이 구두가 잘 맞을 겁니다.
I think these schoes fit you right.

Ich glaube, diese Schuhe passen Ihnen gut.
이히 글라우배 디-재 슈-어
팟샌 이-낸 구-ㅌ

이 구두를 신어 보십시오.
Please try these shoes on.

Probieren Sie mal bitte diese Schuhe an!
프로비-어른 지- 마-ㄹ 비태
디-재 슈-어 안

구두 주걱 좀 주십시오.
Please give me a shoe-horn.

Geben Sie mir bitte Schuhanzieher!
게-밴 지- 미어 비태
슈-안치-어

너무 꽉 조입니다/작습니다.
These are too narrow./small.

Sie sind zu eng./klein.
지- 진트 추 앵/클라인

너무 넓어요/커요.
These are too wide./great.

Sie sind zu weit/groß.
지- 진트 추- 바이트/그로-쓰

구두가 여기서 조입니다.
The shoes pich here.

Die Schuhe drücken hier.
디- 슈-어 드뤼캔 히-어

구두가 발가락을 조입니다.
The shoes pich my toes.

Die Schuhe drücken an den Zehen.
디- 슈-어 드뤼캔 안 댄 체-언

그것은 제게 안 맞습니다.
These shoes don't fit me.

Sie passen mir nicht.
지- 파쌘 미-어 니히트

한 치수 더 큰 구두 있습니까?
Do you have a lager size?

Haben Sie die Schuhe eine Nummer größer?
하-밴 지- 디- 슈-어
아이내 눔머 그뢰-써

이거 진짜 가죽입니까?
Is it genuine leather?

Ist es echtes Leder?
이스트 애스 앳히태스 레-더

예, 이 구두는 좋은 가죽으로 만든 겁니다.
These are made of good leather.

Ja, diese Schuhe sind aus gutem Leder gearbeitet.
아- 디-재   슈-어   진트 아우스
구-탬   레-더 개아르바이태트

8. 문구류를 살 때

문방구가 어디 있습니까?
Where is the staioner's shop?

Wo ist das Schreibwarengeschäft?
보- 이스트 다스   슈라입
바-랜개섀프트

편지지와 편지봉투가 필요합니다.
I need some writing pads and envelopes.

Ich brauche Briefpapiere und Umschläge.
이히 브라욱허   브리프파피-어래
운트   움쉴래-개

편지지와 편지봉투를 사려고 합니다.
I want a writing pad and envelopes.

Ich möchte Briefpapier und Umschläge haben.
이히 외히태   브리프파피-어
운트   움쉴래-개   하-밴

클립이 필요합니다.
I want some paper clips.

Ich möchte Büroklammern.
이히 외히태   뷔-로클람머른

싸인펜 있습니까?
Are there felt pens in your shop?

Gibt es bei Ihnen Filzschreiber?
깁트   애스   바이   이-낸
필츠슈라이-버

앨범 있습니까?
Do you have any albums?

Haben Sie Fotoalben?
하-밴   지-   포-토알밴

예, 있습니다.
Yes, we have them.

Ja, wir haben welche.
야- 비-어   하-밴   밸해

물건사기

203

볼펜 한 자루가 필요합니다.
I need a ballpoint pen.

Ich brauche einen Kuli.
이히 브라우허 아이낸 쿨-리

있습니까?
Do you habe it?

Haben Sie einen?
하-밴 지- 아이낸

여기 이건 3마르크80입니다. 하나 드릴까요?
This here is 3,80 mark. Do you want one?

Der hier kostet DM3,80. Möchten Sie einen?
데어 히어 코스태트 드라이 마르크 악흐치히 뫼히탠 지- 아이낸

서류 정리철은 어디 있습니까?
Where do you keep files?

Wo stehen die Ordner?
보- 슈테-언 디 오르드너

노트패드가 하나 필요합니다.
I need a note pad.

Ich möchte einen Block.
이히 뫼히태 아이낸 블록

이거 맞습니까?
Is this right?

Ist der richtig?
이스트 데어 리히티히

아니오, 그것은 너무 큽니다.
No, it is very big.

Nein, der ist viel zu groß.
나인 데어 이스트 피-ㄹ 추- 그로-쓰

독일공업규격품 A4-메모용지 있나요?
Do you have DIN A4- note pads?

Haben Sie einen DIN A4-Block?
하-밴 지- 아이낸 디-ㄴ 아-피-어 블록

예, 그것은 여기 있습니다.
Yes, we have it here.

Ja, den haben wir hier.
야- 데-ㄴ 하-밴 비-어 히-어

로렌부르크의 대로

Hefte (das Heft)	노트
Lineale (das Lineal)	자
Bleistift (der Bleistift)	연필
Notizbücher (das Notizbuch)	메모장
Klebestifte (der Klebestift)	풀
Radiergummis (der Radiergunmmi)	지우개
Scheren (die Schere)	가위
Kartenspiele (das Kartenspiel)	포커용카드
Postkarten (die Postkarte)	우편엽서
Zirkel (der Zirkel)	콤파스
Büroklammern (die Büroklammer)	클립
Ordner (der Ornner)	서류정리철
Farbstifte der Farbstift	색연필 Tinten (die Tinte)잉크
Füller (der Füller)	만년필
Kulis (der Kuli)	볼펜

9. 서점에서

나는 독-영 사전을 원합니다.
I want a German-English dictioanry.

Ich möchte ein Deutsch-Englisches Wörterbuch.
이히 뫼히태   아인 도이취-
앵글리섀스   뵈르터부-ㄱ흐

그것 좀 보여주시겠습니까?
Will you show me it?

Können Sie es mir zeigen?
쾬낸 지- 애스 미-어 차이갠

그것은 2층에 있습니다.
It is on the second floor.

Es ist im ersten Stock.
애스 이스트 임 애어스탠 슈톡

2층으로 올라가십시오.
Please go upstairs.

Bitte gehen Sie in den ersten Stock hinauf!
빗태 게-언 지- 인 데-ㄴ
애어스탠 슈톡   힌아우프

그리고 그것(들)을 구경

Und sehen Sie es/sie

하십시오.
And see it/them.

공교롭게도 이미 다 팔렸습니다.
I am sorry, they are already sold out.

인터넷 안내서를 찾고 있습니다.
I am looking for a gudebook about Internet.

영어 책들은 어디 있습니까?
Where do you keep the English books?

전공서적을 찾습니다. 이것이 제목입니다.
I'm looking for a subject book. This is the title.

공교롭게도 그것이 없습니다.
I'm sorry, we haven't that book.

주문하실 겁니까?
Will you order that book?

시가 지도가 있습니까?
Do you have street plans?

어떤 것을 원하십니까?
What kind of a plan do you want?

작고 실용적인 시가지도를 원합니다.
A small and practical street plan.

sich an!
운트 제-언 지- 애스/지- 지히 안

Leider sind sie schon ausverkauft.
라이더 진트 지- 쇼-ㄴ 아우스패어카우프트

Ich suche ein Einführungsbund über das Internet.
이히 주-ㄱ허 아인 퓌-룽스부-ㄱ흐 위-버 다스 인터넷

Wo stehen die englischen Bücher?
보- 슈테-언 디- 앵글리샌 뷧혀

Ich suche ein Fachbuch. Das ist der Titel.
이히 주-ㄱ허 아인 팍흐부-ㄱ흐 다스 이스트 데-어 티-텔

Das haben wir leider nicht.
다스 하-밴 비-어 라이더 니히트

Wollen Sie es bestellen?
볼랜 지- 애스 배슈탤른

Haben Sie Stadtpläne?
하-밴 지- 슈타트플래-내

Was für einen möchten Sie?
바스 퓌-어 아이낸 뫼히탠 지-

Einen kleinen und praktischen.
아이낸 클라이낸 운트 프락티샌

여기 이것이 아주 최근 것입니다.
This here is quite new.

Dieser hier ist ganz neu.
디-저   히어   이스트 간츠 노이

이 책에 교통노선이 들어 있습니까?
Does this section include the traffic lines?

Stehen in diesem Band auch die Linien der öffentlichen Verkehrsmittel?
슈테-언   인   디-잼   반트
아욱흐   디-   리-니앤   데어
외팬틀리핸   패어캐어스미탤

연애소설을 한 권 사고 싶습니다.
I'd like to buy a love novel.

Ich möchte einen Liebesroman kaufen.
이히   뫼히태   아이낸
리-배스로만 카우팬

10. 사진관에서

이 카메라용 필름 있습니까?
Do you have a film for this camera?

Haben Sie einen Film für diese Kamera?
하-밴   지- 아이낸   필름 퓌-어
디-재   카-매라

칼라필름이 어디 있습니까?
Where are the color films?

Wo sind Farbfilme?
보-   진트   파릅필르매

슬라이드용 필름 한 통 사고 싶습니다.
I want to buy a film for slide.

Ich möchte einen Diafilm kaufen.
이히   뫼히태   아이낸
디-아필름 카우팬

나는 35밀리미터용 칼라 필름 한 통 필요합니다.
I need a color film for 35mm.

Ich brauche einen 35mm Farbfilm.
이히   브라욱허   아이낸
35밀리메터파륩필름

207

나는 24방 짜리 칼라필름
한 통 필요합니다.
I need a color film with 24 exposures.

Ich brauche einen 24iger Farbfilm.
이히 브라욱허   아이낸
피어운트츠반치히거 파릅필름

칼라 필름 아그파 35밀
리, 36방짜리 주세요.
Please give me a color film, Agfa, 35mm, 36 exposures.

Bitte geben Sie mir einen Farmfilm, Agfa, 35mm, 36 Aufnahmen.
빗태   게-밴   지- 미-어 아이낸
파릅필름   아그파 퓐프운트드라이씨히
잭스운트드라이씨히 아우프나-맨

필름 값은 8마르크 90입
니다.
The film costs 8 marks 90.

Der Film kostet 8,90.
데어   필름   코스태트 아흐트
마르크 노인치히

이 필름을 현상해 주시겠
습니까?
Can you develope this film?

Können Sie diesen Film entwickeln?
쾐낸   지   디-잰   필름
앤트빅캘른

테두리 없이 해주세요.
With edges.

Ohne Rand bitte!
오-내   란트   빗태

반짝이는 사진으로 해주
십시오.
With a glossy please.

Hochglanz bitte!
혹흐글란츠   빗태

광이 나지 않는 것으로
해주십시오.
With matt please.

Matt bitte!
마트   빗태

필름 원판당 2장씩 인화
해주십시오.
I want 2 prints of each negative.

Ich möchte 2 Abzüge von jedem Negativ.
이히 뫼히태   츠바이 압취-개
폰   에-댐   내가티-프

나는 이 싸이즈를 좋아합
니다.
I want this size.

Ich hätte gern dieses Format.
이히 해태   개른   디-재스
포르마트

이것을 확대해 주시겠습니까?
Can you please enlarge this?

Können Sie bitte dieses vergrößern?
쾐낸   지- 빗태   디-재스
패어그뢰-써른

어느 싸이즈를 원하십니까?
Which size do you want please?

Welches Format wünschen Sie bitte?
밸해스   포르마트   뷘샌
지- 빗태

이 필름의 경우 6x9 싸이즈가 제일 좋습니다.
6 times 9 is the best size for this film.

6 mal 9 ist bei diesem Film das beste.
잭스 말 노인 이스트 바이 디-잼
필름   다스 배스태

각각 한 장 씩 현상해 주십시오.
One print of each negative please.

Von jedem eins bitte!
폰   에-댐   아인스 빗태

좋은 것만 현상하십시오.
Please develope only the film which is good!

Entwickeln Sie nur die, die wirklich gut sind.
앤트빅캘른   지- 누-어 디-
디- 비르클리히   구-ㅌ 진트

사진 좀 찍고 싶습니다.
I'd like to have my photo taken.

Ich möchte mich fotografieren lassen.
이히   외히태   미히
포토-그라피-어랜 라쌘

여권사진을 찍고 싶습니다.
I'd like to have some passport photos taken.

Ich möchte Passbilder machen lassen.
이히 외히태   팟스빌더
막핸   라쌘

사진 좀 찍어주시겠습니까?
Could you take a photograph of me?

Können Sie von mir ein Foto machen.
쾐낸   지- 폰   미-어 아인
포-토 막핸

웃으십시오.
Please smile.

Bitte lächeln!
비태 랫핻른

사진을 언제 찾을 수 있습니까?
When can I collect the photo?

Wann kann ich das Foto abholen?
반　칸 이히 다스 포토- 앞호-ㄹ랜

한 시간 내로 필름을 현상할 수 있습니다.
We can develop the film in an hour.

Wir können den Film in einer Stunde entwickeln.
비-어 쾬낸　　데-ㄴ 필름　인 아이너 슈툰대　앤트빅캘른

손님의 사진은 월요일에 끝납니다.
Your fotos will have finished on monday.

Ihr Bilder sind Montag fertig.
이어 빌더　진트　모-ㄴ타-ㄱ 패르티히

로땐부르크의 시의 건물 지붕

11 은행

I. 환전할 때

근처에 은행이 어디에 있는지 말씀 좀 해주실래요?
Could you perhaps say tell me where there is a bank close by?

Können Sie mir vielleicht sagen, wo in der Nähe eine Bank ist?
쾬낸 지- 미어
피-ㄹ라이히트 자-갠 보- 인
데어 내-어 아이내 방크 이스트

이 근처에 은행들이 많아요.
There are various banks just here.

Wir haben hier in der Nähe gleich verschiedene Banken.
비-어 하-밴 히-어 인 데어
내-어 글라이히 패어쉬대내 방캔

그 중에 어느 한 은행을 제게 추천해주시겠습니까?
Can you recommand any of the banks?

Können Sie mir irgendeine der Banken empfehlen?
쾬낸 지- 미어 이르갠트아이내 데
어 방캔 앰페-ㄹ랜

달러 좀 바꾸고 싶습니다.
I would like to change a few dollars.

Ich möchte gern einige Dollar tauschen.
이히 뫼히태 개른 아이니개
돌라 타우섄

211

여기서 그것(환전)을 할 수 있습니까?
Can I do that here?

Kann ich das hier bei Ihnen machen?
칸   이히 다스 히-어 바이 이-낸 막핸

미안합니다만 여기서는 불가능합니다.
I'm sorry, it is not possible.

Tut mir Leid, das ist hier nicht möglich.
투-ㅌ 미어 라이트   다스 이스트 니히트 뫼클리히

여기서부터라면 드레스드너 방크가 가장 가까운 은행입니다.
As far as proximity is concerned, the Dresdner Bank is the one you'll get to most quickly.

Von hier aus ist die Dresdner Bank am nächsten.
폰   히-어   아우스 이스트 디- 드래스드너 방크 암   낵스탠

뭘 도와드릴까요?
Waht can I do for you?

Was kann ich für Sie tun?
바스   칸   이히   퓌-어 지- 투-ㄴ

제가 여기 외환창구에 제대로 온 건가요?
Am I in the right place, at foreign exchange counter?

Bin ich bei Ihnen am Sortenschalter richtig?
빈   이히 바이 이-낸   암 조르탠샬터   리히티히

저는 500달러가 있는데, 그것을 마르크화로 바꾸고 싶습니다.
I have 500 dollars, which I'd like to change in D-mark..

Ich habe 500 Dollar, die ich gerne in D-Mark wechseln möchte.
이히 하-배   500   돌라 디- 이히 개르내 인 데-마르크 백설른 뫼히태

오늘 환율은 얼마나 됩니까?
How high is the exchange rate today?

Wie hoch ist der Kurs heute?
비-   혹흐   이스트 데어 쿠어스 호이태

1달러 당 1.655입니다.
The exchange rate today is 1.655 for one dollar.

Der Kurse heute ist 1.655 für einen Dollar.
데어 쿠어스 호이태 이스트 1.655 퓌-어 아이낸 돌라

돈을 어떻게 내드릴까요?
How many I pay out money?

Wie darf ich Ihnen das Geld auszahlen?
비- 다르프 이히 이-낸 다스 갤트 아우스차-ㄹ랜

좋으실 대로하십시오.
Any way you like.

Spielt keine Rolle.
슈피-ㄹ트 카이내 롤래

컴퓨터가 총액을 827마르크 50으로 계산했군요.
The computer has calculated an amount of DM827.50

Der Computer hat einen Betrag von DM 827.50 errechnet.
데어 콤퓨-터 하-트 아이낸 배트라-ㄱ 폰 데-마르크 827.50 애어래히내트

돈을 세어보겠습니다.
I may it you down count.

Ich darf's Ihnen vorzahlen.
이히 다릎스 이-낸 포어차-ㄹ랜

영수증 좀 받아 볼까요?
Do I also get a receipt?

Bekomme ich noch einen Beleg von Ihnen?
배콤매 이히 녹흐 아이낸 배레-ㄱ 폰 이-낸

예, 컴퓨터가 그것을 방금 찍고 있는 중입니다.
Yes, the computer is just printing it.

Ja, der Computer druckt ihn gerade aus.
야 데어 컴퓨-터 드룩트 이-ㄴ 개라-대 아우스

여기 영수증 있습니다.
Here is your receipt.

Hier ist Ihr Beleg.
히-어 이스트 데어 밸레-ㄱ

은행들은 언제 문을 엽니까?
When are the banks open?

Wann sind die Banken geöffnet?
반 진트 디- 방캔 개왜프내트

은행들은 오늘 문을 닫았습니다.
The banks ar closed today.

Die Banken sind heute geschlossen.
디- 방캔 진트 호이태 개슐롯샌

은행

은행은 몇 시까지 문을 엽니까?
Till when is the bank open?

Bis wann ist die Bank geöffnet?
비스 반 이스트 디- 방크 게왜프내트

수표를 여기서 현금으로 바꿀 수 있습니까?
Can I cash this cheque here?

Kann ich diesen Scheck hier einlösen?
칸 이히 디-잰 섀ㄱ
히-어 아인뢰-잰

이 여행자수표를 바꾸고 싶습니다.
I want to cash this traveller's cheque.

Ich möchte diesen Reisescheck einlösen
이히 뫼히태 디-잰
라이재색 아인뢰-잰

2. 카드로 돈을 인출할 때

이 카드로 현금을 인출하고 싶습니다.
I want to draw cash on this credit card.

Ich möchte gerne mit dieser Kreditkarte Bargeld abheben.
이히 뫼히태 개르내 밑
디-저 크래디-ㅌ카르태
바-갤트 압헤-밴

나는 비자카드가 있는데, 2000마르크를 찾고 싶습니다.
I have a credit card of the Visa and want to cut 2000 marks.

Ich habe eine Kreditkarte von Visa und möchte gerne 2000 Mark abheben.
이히 하-배 아이내
크래디-ㅌ카르태 폰 비자
운트 뫼히태 개르내 2000
마르크 압헤-밴

그게 가능할까요?
Is it possible?

Ist das möglich?
이스트 다스 뫼클리히

어떤 카드를 가지고 계시지요?

Welche Kreditkarte haben Sie?

What kind of credit card do ou have?

일반카드입니까 아니면 골드카드입니까?
The ordinary or the gold card?

저는 골드카드를 가지고 있습니다.
I have the gold card.

그러면 당신에게 2000마르크를 내어줄 수 있습니다.
Then I can give you 2000 marks.

먼저 프랑크푸르트 비자사(社에) 전화를 해야합니다.
The only thing is I have to ring the Visa in Frankfurt first.

그리고 사용료는 10마르크입니다.
And the charge is 10 marks.

잠시 기다려 주십시오.
Wait a moment, please.

자, 됐습니다.
So, that's O.K.

제가 당신에게 2000마르크를 내어 드릴 수 있습니다.
I can pay out 2000 marks to you.

밸해 크래디-ㅌ카르태 하-밴 지-

Die Normale oder die Goldkarte?
디- 노르말래 오더 디- 골트카르태

Ich habe die Goldkarte.
이히 하-배   디-   골트카르태

Dann kann ich Ihnen 2000 Mark auszahlen.
단 칸 이히 이-낸 츠바이타우잰트 마르크 아우스차-ㄹ랜

Ich muss vorher bei VISA in Frankfurt anrufen.
이히 뭇스   포-어해-어   바이 비-자 인 프랑크푸어트 안루-팬

Und das kostet Sie zehn Mark Gebühren.
운트 다스 코스태트 지- 채-ㄴ 마르크 개뷔-랜

Kleinen Moment bitte.
클라이낸   모맨트   빗태

So, es ist alles in Ordnung.
조- 애스 이스트 알래스 인 오르드농

Die 2000 Mark kann ich Ihnen auszahlen.
디- 2000   마르크 칸 이히 이-낸 아우스차-ㄹ랜

은행

10 마르크를 여기서 제할까요?
Shall I keep the ten marks?

Soll ich die zehn Mark einbehalten?
졸 이히 디- 체-ㄴ 마르크 아인배할탠

예, 그냥 제해도 됩니다.
Yes, you might take off ten marks.

Ja, behalten Sie die ruhig ein.
야 배할탠 지 디- 루이-히 아인

아니오, 제가 10마르크를 따로 드리겠습니다.
No, I'll give you 10 marks separately.

Nein, ich gebe Ihnen 10 Mark extra.
나인 이히 게-배 이-낸 체-ㄴ 마르크 엑스트라

100 마르크 짜리로 드릴까요?
Would you like it in 100s.

Möchten Sie es in Hunderten?
뫼히탠 지- 애스 인 훈대르탠

천 마르크 짜리 하나, 오백 마르크 짜리 하나 그리고 나머지는 백 마르크 짜리로 주세요.
Please, give me one in 1000s, one 500s and the rest in 100s.

Geben Sie mir bitte einen Tausender, einen Fünfhunderter und den Rest in Hundertern
게-밴 지- 미-어 빗태 아이낸 타우잰더 아이낸 퓐프훈대르터 운트 데-ㄴ 래스트 인 훈대르터른

여기 있습니다.
Here you are.

Bitte schön.
빗태 쇠-ㄴ

조사하는데 얼마나 걸립니까?
How long will it take to clear?

Wie lange dauert die Überprüfung?
비-ㄹ 랑애 다우어트 디- 위-버프뤼-퐁

수수료는 얼마나 합니까?
What rate of commission do you charge?

Welche Gebühren erheben Sie?
밸해 개-뷔-랜 애어헤-밴 지-

3. 통장을 개설 할 때

구좌를 개설하고 싶습니다.
I would like to open an account.

Ich möchte ein Konto eröffnen.
이히 뫼히태 아인 콘토 애어왜프낸

어떤 종류의 구좌를 원하십니까?
What kind of an account do you want?

Was für ein Konto möchten Sie?
바스 퓌-어 아인 콘토 뫼히탠 지-

지로구좌요 아니면 예금구좌요?
A current account or a deposit account?

Ein Giro- oder ein Sparkonto?
아인 지-로 오-더 아인 슈파-콘토

은행

지로구좌와 예금구좌의 차이가 무엇입니까?
What is the difference between the current account und the deposit account?

Was ist der Unterschied zwischen einem Giro- und einem Sparkonto?
바스 이스트 데어 운터슈트 츠비섄 아이냄 지-로 운트 아이냄 슈파-콘토

예금구좌의 경우 이자를 더 많이 받습니다.
In the case of a deposit account you earn more interests.

Bei einem Sparkonto bekommen Sie mehr Zinsen.
바이 아이냄 슈파-콘토 배콤맨 지- 메-어 친잰

그러면 예금구좌를 개설하고 싶습니다.
Then I want to open an deposit account.

Dann möchte ich ein Sparkonto eröffnen.
단 뫼히태 이히 아인 슈파-콘토 애어왜프낸

은행계좌가 왜 필요합니까?
What for do you need the account?

Wozu brauchen Sie denn das Konto?
보-추 브라욱헌 지- 댄 다스 콘토

저는 규칙적으로 돈을 이체해야합니다.
I have to transfer money regularly.

Ich muss regelmäßig Geld überweisen.
이히 뭇스   레-갤매-ㅅ시히
갤트   위-버바이잰

그러면 당신은 지로통장이 필요합니다.
Then you need a current account.

Dann brauchen Sie ein Girokonto.
단   브라욱헌   지- 아인
지-로콘토

그러면 지로통장이 맞는 겁니다.
Then the current account is the right thing for you.

Dann ist das Girokonto für Sie das richtige.
단   이스트 다스 지-로콘토
퓌-어 지- 다스 리히티게

지로구좌를 어떻게 개설하지요?
How can I open the cuurent account?

Wie kann ich das Giro konto eröffnen?
비- 칸   이히   다스 지-로
콘토 애어왜프낸

여권 좀 보여주십시오.
Please show me your passport.

Zeigen Sie mir Ihren Pass bitte!
차이갠   지- 미-어 이어랜
팟스 빗태

제대로 됐군요.
That's O.K.

In Ordnung.
인 오르드눙

이 서류를 작성하고 싸인 하십시오.
Please fill in this form and sign it.

Bitte füllen Sie dieses Formular aus und unterschreiben Sie!
빗태 퓔랜   지- 디-잿스
포물라-   아우스   운트
운터슈라이밴   지-

얼마를 예금하시려고 합니까?
How much do you want to deposit?

Wie viel wollen Sie einzahlen?
비-   피-ㄹ   볼랜   지-
아인차-ㄹ랜

은행

700 마르크를 예금하고 싶습니다.
I'd like to deposit 700 marks.

저는 예금을 찾고 싶습니다.
I want to draw a deposit.

얼마를 찾으려고 합니까?
How much do you want to draw?

200 마르크는 지폐로 그리고 10마르크는 잔돈으로 주십시오.
Please give me 200 marks in large denomination and 10 marks in small change.

Ich möchte 700 Mark hinterlegen.
이히 뫼히태   700 마르크 힌터레-갠

Ich möchte etwas Geld abheben.
이히 뫼히태 애트바스 갤트 압헤-밴

Wie viel wollen Sie abheben?
비-   피-ㄹ   볼랜   지- 압헤-밴

Geben Sie mir bitte für 200 Mark Scheine und für 10 Mark Kleingeld.
게-밴   지 미-어 빗태 퓌-어 츠마이훈데르트 마르크 샤이내 운트 퓌-어 체-ㄴ 마르크 클라인갤트

은행

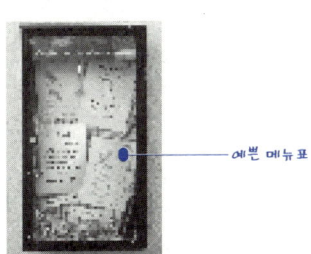
예쁜 메뉴표

12 우체국

우체국

우체국으로 가는 길이 어디입니까?
Which is the way to the post office?

Wie komme ich zur Post?
비- 콤매 이히 추어 포스트

가장 가까운 우체국이 어디 있습니까?
Where is the nearest post office?

Wo ist die nächste Post?
보- 이스트 디- 낵스태 포스트

저는 우표가 좀 필요합니다.
I want some stamps.

Ich möchte Briefmarken.
이히 뫼히태 브리-프마르캔

1마르크 짜리 우표 7장 주십시오.
Please give me seven one mark stamps.

Geben Sie mir sieben Briefmarken zu einer Mark!
게-밴 지- 미-어 지-밴 브리-프마르캔 추- 아이너 마르트

그리고 10 페니히 짜리 우표 6장 주십시오.
And six ten pfennig stamps.

Und sechs zu zehn Pfennig.
운트 잭스 추 체-ㄴ 패니히

80페니히짜리 우표 2장 주세요.
I'd like two 80pfennig stampes.

Ich hätte gerne zwei 80pf Briefmarken.
이히 해태 캐르내 츠바이
아흐치히 패니히 브리-프마르캔

이것은 항공우편으로 보낼 겁니다.
This is to go air mail.

Das soll mit Luftpost gehen.
다스 졸 밑 루프트포스트 게-ㄴ

이 편지를 항공우편으로 보내고 싶습니다.
I want this letter sent by air mail.

Ich möchte diesen Brief gerne mit Luftpost senden.
이히 뫼히태 디-잰 브리-프
개르내 밑 루프트포스트 잰댄

이 편지를 항공우편으로 보내고 싶습니다.
I want this letter sent by air mail.

Ich möchte diesen Brief per Luftpost senden.
이히 뫼히태 디-잰 브리-프
패어 루프트포스트 잰댄

이 편지를 속달로 보내고 싶습니다.
I want to send this letter sent by express.

Ich möchte diesen Brief durch Eilboten senden.
이히 뫼히태 디-잰 브리-프
두르히 아일보탠 잰댄

이 편지를 등기로 보내고 싶습니다.
I want to have this letter registered.

Ich möchte diesen Brief einschreiben lassen.
이히 뫼히태 디-잰 브리-프
아인슈라이밴 라쌘

이 소포를 한국으로 발송하고 싶습니다.
I'd like send this parcel to Koreal.

Ich möchte dieses Paket nach Korea aufgeben.
이히 뫼히태 디-재스 파-캐트
나-ㄱ흐 코레-아 아우프게-밴

세관신고 용지에 기입해 주십시오.
Please fill in a customs declarations form.

Bitte füllen Sie die Zollpapiere aus!
빗태 퓔랜 지- 디-
촐파피어래 아우스

우체국

이 작은 소포를 우편으로 보내고 싶습니다.
I want to send this pakage by post.

Ich möchte das Päckchen per Post übersenden.
이히 뫼히태 다스 팩핸 퍼- 포스트 위-버잰댄

이 작은 소포에 무엇이 들어있습니까?
What does this pakage contain?

Was ist in diesem Päckchen?
바스 이스트 인 디-잼 팩핸

그 안에는 카세트 테이프들이 있습니다.
There are some cassettes in it.

Darin sind ein paar Kassetten.
다-린 진트 아인 파- 카새탠

이 소포 안에는 책이 몇 권 있습니다.
There are some books in this parcel.

In diesem Paket sind ein paar Bücher.
인 디-잼 파캐-ㅌ 진트 아인 파- 뷪혀

이 소포의 요금은 얼마입니까?
What's the charge for this parcel.

Wie viel Porto ist für dieses Paket zu bezahlen?
비- 피-ㄹ 포르토 이스트 퓌-어 디-재스 파캐-ㅌ 추- 배차-ㄹ랜

소포 안에 편지는 없습니까?
Do you haven't any letter in the pakage?

Haben Sie keinen Brief in dem Päckchen?
하-밴 지- 카이낸 브리-프 인 데-ㅁ 팩핸

아니오, 없습니다.
No.

Nein.
나인

저는 인쇄물이 있습니다.
I have a printed matter.

Ich habe eine Drucksache.
이히 하-배 아이낸 드룩작해

그것은 등기로 얼마입니까?
How much is it by registered post?

Was kostet das Einschreiben?
바스 코스탤 다스 아인슈라이밴

한국으로요?
To Korea?

Nach Korea?
나-ㄱ흐 코-레아

소포를 저울에 올려놓으십시오.
Please lay your pakage on the scales.

Legen Sie bitte das Päckchen auf die Waage!
레-갠 지- 빗태 다스
팩핸 아우프 디- 바-개

5마르크 80입니다.
It costs 5 mark 80.

Das macht 5,80 DM.
다스 막흐트 5 마르트 80

저에게 온 편지 있습니까?
Are there any letter for me?

Sind postlagernde Briefe für mich da?
진트 포스트라개른대 브리-패
퓌-어 미히 다-

제 이름은 김입니다.
My name is Kim.

Mein Name ist Kim.
마인 나-매 이스트 김

우체국

예, 등기우편이 한 통 와 있습니다.
Yes, there is a registered letter for you.

Ja, wir haben einen Einschreibebrief für Sie.
야- 비-어 하-밴 아이낸
아인슈라이배브리-프 퓌-어 지-

라인강과 강변

13 전화

1. 전화를 찾을 때

전화는 어디 있습니까?
Where is the telephone?

Wo ist das Telefon?
보- 이스트 다스 텔래포-ㄴ

전화는 저기 우체국에 있습니다.
It is at the post office over there.

Das ist auf der Post da drüben.
다스 이스트 아우프 데어 포스트 다-드뤼-밴

전화박스는 슈퍼마켓 앞에 있습니다.
The telephone box is in front of the supermarket.

Die Telefonzelle ist vor dem Supermarkt.
디- 텔래포-ㄴ챌래 이스트 포-아 데-ㅁ 주-퍼마르크트

저는 여기서 전화를 찾고 있는 중입니다.
I'm looking for telephone.

Ich suche hier ein Telefon.
이히 주-ㄱ허 히-어 아인 텔래포-ㄴ

혹시 전화번호부 있습니까?
Do you have perhabs a telephone book?

Haben Sie vielleicht ein Telefonbuch?
하-밴 지- 피-ㄹ라이히트 아인 텔래포-ㄴ부-ㄱ흐

전화를 사용해도 됩니까?

Darf ich telefonieren?

May I use your telephone. | 다르프 이히 텔래포-니어랜

2. 전화 통화 할 때

예, 쓰십시오.
Yes you may.

Ja, bitte sehr.
야 빗태 제-어

여보세요, 리들입니다.
[전화 받는 사람]
Hello, Riedl speaking.

Hallo, Riedl.
할로 리-들

전화

비쉬만 사입니다. 안녕하세요. [전화 받는 사람]
Whischmann & Co. Good morning!

Wischmann & Co. Guten Morgen.
비쉬만   운트 코   구-탠
모르갠

슈바르츠입니다. 안녕하세요.
This is Schwarz speaking, good morning.

Schwarz, guten Morgen.
슈바르츠   구-탠   모르갠

캠퍼 씨이십니까?
Is that you Mr. Kemper?

Spreche ich mit Herrn Kemper?
슈프랫해   이히 밑   해른 캠퍼

저는 김입니다.
This is Kim.

Hier ist Kim.
히-어 이스트 김-

저는 이입니다.
Lee speaking

Hier Lee.
히-어 이스트 리-

마이어 가족입니다.
Hello, the Meyers./The Meyer household.

Familie Meyer.
파미-ㄹ리어 마이어

바우어 씨네 집입니다.
The Bauers' home.

Hier bei Bauer.
히-어 바이 바우어

전화

뮐러 씨 좀 바꿔주시겠습니까?
May I speak to Mr. Müller?

Darf ich Herrn Müller sprechen?
다르프 이히 해른 뮐러 슈프랫헨

노이만 씨 좀 바꿔주시겠습니까?(여자)
I'd like to speak to Ms. Neumann.

Ist Frau Neumann zu sprechen?
이스트 프라우 노이만 추- 슈프랫헨

바로 접니다.
Speaking.

Am Apparat.
암 아파라트

왜 그러시지요?
How can I help you?

Ja, bitte?
야- 빗태

제가 노이만입니다.
It's me, Neumann.

Ich bin's, Neumann.
이히 빈스 노이만

제가 김입니다.
It's me, Kim.

Ich bin's, Kim.
이히 빈스 킴

누구시지요?
Who am I speaking to, please?

Mit wem spreche ich?
밑 베-ㅁ 슈프랫해 이히

누구시지요?
Who's calling?

Wer spricht?
베-어 슈프릿히트

누구시지요?
Who is it, please?

Wer ist am Apparat?
베-어 이스트 암 아파라트

볼프 씨 좀 바꿔 주시겠습니까?
Can I speak to Mr. Wolf, please?

Kann ich mit Herrn Wolf sprechen?
칸 이히 밑 해른 볼프 슈프랫헨

누구를 대 드릴까요?
Who shall I say is calling, please?

Wen soll ich melden, bitte?
베-ㄴ 졸 이히 맬댄 빗태

잠시만요, 연결해드리겠습니다.
Just a moment, I'll put you through.

Einen Augenblick, ich verbinde.
아이낸 아우갠블릭 이히 패어빈대

끊지 마시고 기다리십시오.
Hold the line, please.

Bleiben Sie bitte am Apparat!
블라이밴 지- 빗태 암 아파라트

연결해 드리겠습니다.
I'll put you through.

Ich verbinde Sie.
이히 패어빈대 지-

유감입니다만 키틀러씨가 응답하지 않습니다.
I'm sorry, Mr. Killter does not answer.

Es tut mir Leid, der Kittler meldet sich nicht.
애스 투-트 미어 라이트 데어 키틀러 맬대트 지히 니히트

공교롭게도 지금 안 계십니다.
I'm sorry, he is not here.

Tut mir Leid, er ist nicht da.
투-트 미어 라이트 애어 이스트 니히트 다-

나중에 다시 전화하십시오.
Call on later once more, please.

Rufen Sie bitte noch später an!
루-팬 지- 빗태 녹흐 슈패-터 안

통화중입니다.
The line is busy.

Die Leitung ist besetzt.
디- 라이퉁 이스트 배잿츠트

내일 아침에 다시 전화하십시오.
Please, call on again tomorrow morning.

Rufen Sie morgen früh wieder an!
루-팬 지- 모르갠 프뤼- 비-더 안

언제 그녀와 통화할 수 있지요?
When will she be available so that I can speak to her?

Wann ist sie denn zu sprechen?
반 이스트 지- 댄 추- 슈프랫현

전화

비-재 양더러 당신께 전화드리라고 할까요?
Shall Miss. Wiese call back?

Soll Frau Wiese Sie zurückrufen?
졸 프라우 비-재 지- 추뤼루-팬

그러면 제 번호를 드리겠습니다.
I'll give you my number then.

Ich gebe dann mal meine Nummer an.
이히 게-배 단 마-ㄹ 마이내 눔머 안

그것을 그녀에게 알려주겠습니다.
I'll tell her that.

Ich werde es ihr ausrichten.
이히 배르대 애스 이어 아우스리히탠

3. 잘 못 걸었을 때

몇 번에 거셨습니까?
What number did you ask?

Welche Nummer haben Sie gewählt?
밸해   눔머 하-밴 지- 개배-ㄹ트

나는 47123번에 걸었습니다.
I asked 47123.

Ich habe 47123 gewählt.
이히 하-배 피-어지-밴 아인스 츠바이 드라이개베-ㄹ트

잘못 거셨습니다.
You are falsh put though to me.

Sie sind falsch verbunden.
지- 진트 팔쉬   패어분댄

잘못 거셨습니다.
You have the wrong number.

Sie haben eine falsche Nummer.
지- 하-밴   아이내 팔새 눔머

죄송합니다. 제가 잘못 돌렸습니다.
Sorry, I have misdialed.

Entschuldigung, ich habe mich verwählt.
앤트슐디궁   이히 하-배 미히 패어배-ㄹ트

14 의원에서

I. 접수할 때

진료시간이 언제입니까?
What are the surgery hours?

Wann ist Sprechstunde?
반   이스트 슈프렛히슈툰데

오늘 시간약속이 있습니까?
Do you have an appointment for today?

Haben Sie für heute einen Termin?
하-밴   지- 퓌-어 호이테
아이낸 태르민

예, 10시에 오기로 했습니다.
Yes, I should come at 10 o'clock.

Ja, ich sollte um 10 Uhr kommen.
야- 이히 졸태   움 체-ㄴ 우-어
콤맨

여기에 오신 적이 있습니까?
Have you already been at this surgery?

Waren Sie schon einmal bei uns?
바-랜   지- 쇼-ㄴ   아인마-ㄹ
바이 운스

아니오, 아직 없습니다.
No, I'm not yet.

Nein, noch nicht.
나인   녹흐   니히트

어디가 편찮으십니까?
What's the trouble?

Was fehlt Ihnen denn?
바스 페-ㄹ트 이-낸   댄

229

2. 진찰 하기

저는 컨디션이 좋지 않습니다.
I'm not feeling well.

Ich fühle mich nicht wohl.
이히 퓌-ㄹ래 미히 니히트 보-ㄹ

저는 몸이 아픕니다.
I'm ill.

Ich bin krank.
이히 빈 크랑크

저는 몸이 좋지 않습니다.
I feel worse.

Mir ist schlecht.
미-어 이스트 슐래히트

현기증이 납니다.
I feel dizzy.

Mir ist schwindlig.
미어 이스트 슈빈들리히

두통이 있습니다.
I have a headache.

Ich habe Kopfschmerzen.
이히 하-배   코프슈매르챈

저는 임신부입니다.
I am pregnant.

Ich bin Schwanger.
이히 빈   슈방어

출산 예정일이 언제입니까?
When is the baby due?

Wann erwarten Sie das Kind?
반   애어바르탠 지- 다스 킨트

저는 설사가 납니다.
I have a diarrhoea.

Ich habe Durchfall.
이히 하-배   두르히팔

저는 등이 쑤십니다.
I have a backache.

Ich habe Rückenweh.
이히 하-배   뤽캔베-

저는 치통이 있습니다.
I have a toothache.

Ich habe Zahnschmerzen.
이히 하-배   차-ㄴ슈매르챈

저는 목이 아픕니다.
I have a sore throat.

Ich habe Halsschmerzen.
이히 하-배   할스슈매르츠

그녀는 열이 약간 있습니다.
She has some fever.

Sie hat leichtes Fieber.
지- 하트 라이히태스 피-버

저는 감기에 걸린 것 같습니다.
I have caught a cold, I think.

Ich glaube, ich bin erkältet.
이히 글라우배   이하 빈 애어캘태트

저는 감기에 걸렸습니다.
I have caught a cold.

Ich habe mich erkältet.
이히 하-배   미히   애어캘태트

의원에 가셔야 합니다.
You'll have to the doctor.

Sie müssen zum Arzt.
지- 뮜샌   춤   아르츠트

당신은 병원에 가야만 합니다.
You must go to a hospital.

Sie müssen ins Kranken-haus.
지- 뮜샌   인스 크랑캔하우스

여기에 누우십시오.
Please lie down over there.

Legen Sie sich bitte hierher.
레-갠   지- 지히 빗태 히-어해어

어디가 아픕니까?
Where does it hesart?

Wo tut es Ihnen weh?
보- 투-ㅌ 애스 이-낸 베-

여기가 아픕니다.
It hurts hier.

Es tut mir hier weh.
애스 투-ㅌ 미-어 히-어 베-

쿡쿡 쑤십니다.
It's a very sharp pain.

Es ist ein sehr stechender Schmerz.
애스   이스트   아인   제-어
슈택핸더   슈매르츠

아픈지 얼마나 됐습니까?
How long have you been ill?

Seit wann sind Sie krank?
자이트   반   진트   지-
크랑크

이런 증상을 보인지 얼마나 됐습니까?
How long have you been feeling like this?

Wie lange fühlen Sie sich schon so?
비-ㄹ 랑애   퓌-ㄹ랜   지-
지히 쇼-ㄴ   조-

체온을 재어 보셨나요?
Do you have taken your temperature?

Haben Sie schon Temperatur gemessen?
하-밴 지-쇼-ㄴ 탬퍼라투어 개매쎈

체온을 재어 보겠습니다.
I'll take your temperature.

Ich werde Ihre Temperatur messen.
이히 베르대 이어래 탬퍼라투어 매쎈

입을 벌리십시오.
Please, open your mouth.

Machen Sie den Mund auf.
막핸 지- 데-ㄴ 문트 아우프

심호흡을 해보십시오.
Breathe deeply, please.

Atmen Sie bitte tief!
아트맨 지- 빗테 티-ㅍ

이런 증상은 처음입니까?
Is this the first time you have had this.

Haben Sie das zum ersten Mal?
하-밴 지- 다스 춤 애어스탠 마-ㄹ

아주 심하지는 않군요.
It's nothing serious.

Es ist nichts Ernstes.
애스 이스트 니히츠 애른스태스

식욕이 있습니까?
Do you have appetite?

Haben Sie Appetit?
하-밴 지- 아패티-트

식욕이 없어요.
I have no appetite.

Ich habe keinen Appetit.
이히 하-배 카이낸 아패티-트

담배를 많이 피우십니까?
Are you smoking too much?

Rauchen Sie zuviel?
라욱핸 지- 추-피-ㄹ

술을 많이 드십니까?
Are you drinking too much?

Trinken Sie zuviel Alkohol?
트링캔 지- 추-피-ㄹ 알코-홀

커피를 많이 드십니까?
Are you drinking coffee too much?

Trinken Sie zuviel Kaffee?
트링캔 지- 추-피-ㄹ 카패-

일을 많이 하십니까?
Are you working too much?

Arbeiten Sie zuviel?
아르바이탠   지- 추-피-ㄹ

신경과민입니까?
Are you in a nervous state?

Sind Sie sehr nervös?
진트   지- 제-어 내르뵈-스

무슨 약을 복용해 오셨습니까?
What medicine have you been having?

Haben Sie schon irgendwelche Medikamente genommen?
하-밴   지-   쇼-ㄴ
이르갠트밸해   매디카맨태 개놈맨

지금까지 어떤 약을 복용하고 있습니까?
What medicine are you taking?

Welches Medikament nehmen Sie bisher?
밸해스   매디카맨트
네-맨   지- 비스헤-어

3. 처방전 받기

저는 처방전을 받고 싶습니다.
I'd like you to prescribe me some medicine.

Ich möchte mir ein Rezept geben lassen.
이히   뫼히태   미-어   아인
레챕트   게-밴   랏샌

처방전을 써 주시겠습니까?
Can you prescribe a medicine?

Können Sie mir ein Mittel verschreiben?
쾐낸   지-   미-어   아인
미탤   패어슈라이밴

처방전을 써드리겠습니다.
I'll prescribe some pills.

Ich werde Ihnen Tabletten verschreiben.
이히   배르대   이-낸
타블래탠   패어슈라이밴

이것은 무슨 약입니까?
What kind of medicine is that?

Was für Medikament ist das?
바스 퓌-어 매디카맨트 이스트 다스

하루에 몇 번 복용해야 합니까?
How many times a day should I take it?

Wie oft täglich soll ich es nehmen?
비- 오프트 테-클리히 졸 이히 애스 네-맨

식후 30분마다 알약을 한 알씩 복용하세요.
Please take a tablett after meal every 30 minutes.

Nehmen Sie bitte eine Tablette alle 30 Minuten nach dem Essen ein!
네-맨　　지-　빗태　　아이내 타블래태　알래 드라이씨히 미누-탠 나-ㄱ흐 데-ㅁ 애쌘　　아인

날마다 3번씩 식후에 그것을 복용하십시오.
Please take it three times a day after meal.

Nehmen Sie das bitte dreimal täglich nach den Mahlzeiten.
네-맨 지- 다스 빗태 드라이마-ㄹ 태- 클리히 나-ㄱ흐 데-ㄴ 마-ㄹ차이탠

이것을 가지고 약국으로 가십시오.
Take this to a chemist.

Gehen Sie hiermit zur Apotheke.
게-언　지-　히-어　밑 추어 아포테-캐

4. 의료보험

보험증 가져오셨습니까?
Have you brought the certificate for health insurance?

Haben Sie Krankenschein mitgebracht?
하-밴　　지- 크랑캔샤인 밑개브락흐트

보험카드 가지고 있습니까?
Do you have a certificate for health insurance?

Haben　Sie　einen Krankenschein dabei?
하-밴　　　　지-　　　아이낸 크랑캔샤인　　　　　다바이

의료 보험카드를 보여주십시오.

Zeigen Sie mir bitte Ihre Krankenkarte!

Please show me your health insurance card.
차이갠 지- 미-어 빗태 이어래
크랑캔카르태

집에 두고 왔습니다.
I have left lying it at home.

Den / Die habe ich zu Hause liegen lassen.
데-ㄴ/디- 하-배 이히 추-
하우재 리-갠 라쌘

어느 보험에 들었습니까?
Where are you insured?

Wo sind Sie versichert?
보- 진트 지- 패어짓혀르트

바머(보험사)에 들었습니다.
At BARMER.

Bei der BARMER.
바이 데어 바-머

다음에 그것을 가져오십시오.
Please bring it next time.

Bringen Sie ihn / sie das nächste Mal?
브링앤 지- 이-ㄴ/지 - 다스
낵스태 마-ㄹ

5. 약국에서

여기서는 오늘 약국이 문을 열었습니까?
Is there a chemist open today?

Hat hier heute eine Apotheke geöffnet?
하트 히-어 호이태 아이내
아포테-캐 개왜프내트

밤에 문을 연 약국이 있습니까?
Is there a chemist open at night?

Hat eine Apotheke nachts geöffnet?
하-트 아이내 아포테-캐
나흐츠 개왜프내트

이것과 비슷한 것 있습니까?
Do you have something equivalent to this?

Haben Sie etwas Ähnliches wie dieses?
하-밴 지- 애트바스
애-ㄴ릿해스 비- 디-잿스

이 처방전 조제해 주시겠

Können Sie mir dieses

습니까?
Can you make uo this prescription?

치통약 좀 있습니까?
Have you got something for a toothache?

두통약 좀 있습니까?
Have you got something for a headache?

저는 감기약이 필요합니다.
I need some cold medicine.

설사약 좀 주세요.
Can you give me something for diarrhoea?

Medikament geben?
쾐낸   지-   미어   디잿스
메디카맨트   게-밴

Haben Sie etwas gegen Zahnschmerzen?
하-밴   지-   애트바스 게-갠
차-ㄴ 슈매르챈

Haben Sie etwas gegen Kopfschmerzen?
하-밴   지-   애트바스 게-갠
코프슈매르챈

Ich brauche ein Mittel gegen Erkältung.
이히 브라욱허   아인   미탤
게갠   애어캘퉁

Können Sie mir etwas für Durchfall geben?
쾐낸   지- 미-어   애트바스
퓌-어 두르히팔 게-밴

술통속의 침실

15 자동차

I. 주유하기

주유 좀 하고 싶습니다.
I want some petrol.

Ich möchte Benzin haben.
이히 뫼히태   밴치-ㄴ   하-벤

보통, 수퍼 아니면 무연 중 어느 것을 드릴까요?
Normal, Super or Unleaded?

Normal, Super oder Bleifrei?
노르말   주퍼   오-더   블라이프라이

무연휘발유로 주세요.
Unleaded, please.

Bleifrei, bitte!
블라이프라이 빗태

주유소가 어디에 있습니까?
Where is the service station?

Wo ist die Tankstelle?
보-   이스트 디-   탕크슈탤래

휘발유 30리터 주십시오.
Give me thirty litteres of petrol.

Geben Sie mir dreißig Litter Benzin!
케-밴   지-   미어   드라이씨히
리터   밴치-ㄴ

가득 채워 주시겠습니까?
Could you fill it up?

Könnten Sie bitte volltanken.
쾬탠   지-   빗태
폴탕캔

237

수퍼오일을 가득 채워주십시오.
Fill up the tanke wit super.

Füllen Sie den Tank mit Super!
퓌-ㄹ랜 지- 데-ㄴ 탕크 밑 주-퍼

수퍼로 25리터 주세요.
I want 25 litres of super.

Ich möchte 25 Liter Super Benzin, bitte.
이히 외히태 쥐프운트츠반치히 주-퍼 밴치-ㄴ 빗태

무연 위발유를 주십시오.
30liter's of unleaded, please.

30 Liter bleifreies Benzin, bitte.
드라이씨히 리-터 블라이프라이애스 벤치-ㄴ 비태

20리터 주십시오.
20 litre oil, please.

20 Liter Öl, bitte!
츠반치히 리터 외-ㄹ 빗태

2. 자동차수리

자동차가 어떻게 된 것인지 모르겠어요.
I don't know what's wrong with the car.

Ich weiß nicht, was mit dem Wagen los ist.
이히 바이쓰 니히트 바스 밑 뎀 바-갠 로스 이스트

차에 문제가 좀 있는 것 같아요.
I think there's something wrong with the car.

Ich glaube, es ist etwas nicht in Ordnung mit dem Wagen.
이히 글라우배 애스 이스트 애트바스 니히트 인 오르드눙 밑 뎀 바-갠

지시등이 제대로 작동하지 않습니다.
The indicator is not right.

Der Blinker geht nicht richtig.
데어 블링커 게-트 니히트 리히티히

브레이크 검사를 받고 싶습니다.

Ich möchte die Bremse nachsehen lassen.

I want to let the brake check.

이히   뫼히태   디   브램재
나-ㄱ흐제-언   랏샌

브레이크 좀 검사해 주시겠습니까?
Can you control the brake?

Können Sie die Bremse kontrollieren?
캔낸   지-   디-   브램재   콘트롤리-랜

브레이크 액 검사해 주십시오.
Would you check the brake fluid.

Prüfen Sie bitte die Bremsflüssigkeit!
프뤼-팬   지-   비태   디-
브램스프륏시히카이트

정지등을 좀 봐 주십시오.
Check the brake light, please.

Prüfen Sie bitte das Bremslicht!
프뤼-팬   지-   빗태 디-   브램스리히트

공기압력과 냉각수도 좀 봐 주세요.
Check the air pressure and the water stand, too, please.

Prüfen Sie auch gleich den Luftdruck und den Wasserstand!
프뤼-팬   지   아욱흐   글라잇히
덴   루프트드룩 운트 덴 바써슈탄트

엔진오일 좀 교환해 주시겠습니까?
Would you please change the oil?

Würden Sie bitte das Öl wechseln?
뷔르댄   지-   비태   다스 외-ㄹ
백샐른

이 타이어 좀 교체해 주십시오.
Would you please change this tyre?

Würden Sie bitte diesen Reifen wechseln?
뷔르댄   지-   비태   디-잰
라이팬   백샐른

밧데리가 나갔었습니다.
The battery is dead.

Meine Batterie ist leer.
마이내   바테리-   이스트 레-어

오일 좀 봐주십시오.
Please check the oil.

Prüfen Sie bitte den Ölstand!
프뤼-팬 지- 빗태 데-ㄴ 외-ㄹ슈탄트

냉각기 좀 채워주십시오.
Fill the radiator.

Füllen Sie den Kühler auf!

자동차

타이어 공기압 좀 체크해 주십시오.
Would you check the tyres.

퓌-ㄹ랜   지-데-ㄴ 퀴-ㄹ러 아우프
Prüfen Sie bitte den Reifendruck!
프휘-팬   지- 빗태 덴- 라이팬드룩

타이어에 공기가 필요합니다.
I need air in the tyre.

Die Reifen brauchen Luft.
디   라이팬   브라욱헌 루프트

밧데리 좀 봐주시겠습니까?
Please check the battry.

Wollen Sie bitte die Batterie nachsehen?
볼랜   지-   빗태   디-
바태리-어   나-ㄱ흐제-언

이 타이어를 교체해주시겠습니까?
Would you please change this tyre?

Würden Sie bitte diesen Reifen wechseln?
뷔르댄   지-   빗태   디-잰
라이팬   백샐른

오일을 교환하고 싶습니다.
I want to change the oil.

Ich möchte das Öl wechseln.
이히   뫼히태 다스 외-ㄹ 백샐른

제 차가 고장났습니다.
My car has brocken.

Mein Wagen hat eine Panne.
마인   바-갠   하-ㅌ 아이내 판내

제 차를 견인할 수 있습니까?
Can you tow my car off?

Bitte, können Sie meinen Wagen abschleppen?
빗태   쾐낸   지-   마이낸
바-갠   압슐래팬

시동이 걸리지 않습니다.
My car won't start.

Mein Wagen springt nicht an.
마인   바-갠   슈프링트 니히트 안

내 차 엔진에 문제가 있습니다.
I have engine trouble.

Mein Motor ist defekt.
마인   모토어   이스트 대팩트

무엇이 문제인지 좀 봐주십시오.
Please see what is wrong.

Bitte sehen Sie nach, was es ist.
빝태 제-언 지- 나-ㄱ흐 바스 애스 이스트

차 문이 닫히지 않습니다.
The door won't lock.

Die Tür lässt sich nicht abschließen.
디- 튀-어 래쓰트 지히 니히트 압슐리-쌘

스파크플러그 새 것이 필요합니다.
I want new sparking plugs.

Ich brauche neue Kerzen.
이히 브라욱허 노이애 캐르챈

수리비는 얼마나 듭니까?
How much will it cost?

Was wird die Reparatur kosten?
바스 비르트 디- 래파라투-어 코스탠

차를 여기다 놔두겠습니다.
I shall leave the car here.

Ich lasse den Wagen hier.
이히 라쌔   데-ㄴ 바-갠 히-어

언제 찾으러 올 수 있지요?
When can I collect it?

Wann kann ich ihn abholen?
반   칸 이히 이-ㄴ 압호-ㄹ랜

자동차

3, 주차하기

주차장이 어디입니까?
Where is the paking lot?

Wo ist der Parkplatz?
보- 이스트 데어 파르크 플랏츠

근처에 실내주차장이 있나요?
Is there a car park in the neighbourhood?

Gibt es ein Parkhaus in der Nähe?
깊츠   애스 아인 파르ㅋ하우스 인 데어 내-어

241

차를 어디다 주차할 수 있습니까?
Where can I park here?

Wo kann ich parken?
보- 칸   이히 파르캔

여기에 차를 얼마동안 세워 둘 수 있나요?
How long ca I park here?

Wie lange kann man hier parken?
비-ㄹ 랑애   칸 만 히-어 파르캔

주차장이 꽉 찼습니다.
The parking lot is full.

Der Parkplatz ist voll besetzt.
데어 파르크 플랏츠 이스트 폴 배잿츠트

여기다 주차해도 됩니까?
May I park here?

Darf ich hier parken?
다르츠 이히 히-어 파르캔

당신은 주차권이 필요합니다.
You need a parking ticket.

Sie brauchen einen Parkschein.
지- 브라욱헌   아이낸 파르크샤인

시간당 주차료가 얼마입니까?
What's the charge per hour?

Wie hoch ist die Parkgebühr pro Stude?
비   혹흐   이스트 디
파크개뷔어   프로 슈툰대

시간당 3마르크입니다.
Three marks per hour.

Pro Stunde 3 Mark.
프로 슈툰대 드라이 마르크

주차미터기에 사용할 잔돈 좀 있습니까?
Have you got some small change for the parking meter?

Haben Sie etwas Kleingeld für die Park-uhr?
하-밴   지-   애트바스
클라인갤트 퓌-어 디 파르크우-어

주차권은 자판기에 있습니다.
At the vending machine, please.

Der Parkschein gibt es am Automaten.
데어   파르크샤인   깁트   애스
암   아우토마-탠

16 세탁소

세탁소

가까운 세탁소가 어디 있나요?
Where is the nearest dry cleaner's?

Wo ist die nächste Chemische Reinigung?
보- 이스트 디 낵스태 해밋새 라이니궁

이 옷들 좀 세탁해 주세요.
I want these clothes cleaned.

Ich möchte diese Kleider reinigen lassen.
이히 뫼히태 디-재 클라이더 라이니갠 라쌘

이 블라우스 좀 세탁해 주세요.
Please dry clean this blouse.

Bitte reinigen Sie diese Bluse!
비태 라이니갠 지- 디-재 블루재

언제 (세탁이) 끝날까요?
When will it be ready?

Wann ist sie fertig?
반 이스트 지- 패르티히

저는 그것이 되도록이면 즉시 필요합니다.
I'll need it as soon as possible.

Ich brauche sie möglichst bald.
이히 브라욱허 지- 뫼클리히스트 발트

243

이 양복 좀 다려주세요.
I want this suit ironed.

Bitte bügeln Sie diesen Anzug!
비태 뷔-걜른 지- 디-잰 안추-ㄱ

저는 양복이 오늘 저녁에 필요합니다.
I'll need it today evening.

Ich brauche ihn heute Abend.
이히 브라우허 이-ㄴ 호이태 아-밴트

이 옷을 내일까지 세탁해 주시겠습니까?
Can you get this cleaned tomorrow?

Können Sie das Kleid bis morgen reinigen?
쾬낸 지- 다스 클라이트 비스 모르갠 라이니갠

이것 좀 세탁소에 맡겨 주시겠어요?
Could you bring it to a laundry service?

Können Sie das zur Reinigung bringen?
쾬낸 지- 다스 추어 라이니궁 브링앤

제 셔츠 좀 빨아주세요.
I want my shirts washed.

Ich möchte meine Hemden waschen lassen.
이히 뫼히태 마이내 햄댄 밧샌 라쌘

옷 한 벌 다림질 하는데 얼마 걸립니까?
How long will it take to press a suit.

Wie lange brauchen Sie, um einen Anzug zu bügeln.
비-ㄹ랑애 브라우헌 지- 움 아이낸 안추-ㄱ 추- 뷔-걜른

제가 맡긴 세탁물이 다 됐습니까?
Is my laundry ready?

Ist meine Wäsche schon fertig?
이스트 마이내 뱃섀 쇼-ㄴ 페르티히

이 단추를 달 수 있습니까?
Can you sew on this button?

Können Sie diesen Knopf annähen?
쾬낸 지- 디-잰 크높 안내-언

얼룩 좀 빼 주세요.
Remove the stain, please.

Entfernen Sie bitte diesen Fleck!
앤트패르낸 지- 비태 디-잰 플랙

17 이발소, 미용실

이발소, 미용실

이발 좀 하고 싶습니다.
I should like a haircut.

Ich möchte mir die Haare schneiden lassen.
이히 뫼히태 미-어 디-하-래 슈나이댄 라쌘

이발 좀 해주십시오.
I should like a haircut, please.

Bitte schneiden Sie mir das Haar.
비태 슈나이댄 지- 미-어 다스 하-르

어떻게 자를 까요?
How should I cut?

Wie soll ich es schneiden?
비- 졸 이히 애스 슈나이댄

어떻게 해드릴까요?
Which style do you like?

Wie wollen Sie es haben?
비- 볼랜 지- 애스 하-밴

조금만 잘라 주세요.
Only a little cut,

Nur ein bisschen schneiden, bitte!
누-어 아인 빗스헌 슈나이댄 비태

너무 짧지 않게 깎아 주세요.
Not too short.

Nicht zu kurz.
니히트 추- 쿠어츠

양옆을 좀 쳐주십시오.
At the sides.

An den Seiten.
안 댄 자이탠

약간 좀 솎아내 주십시오.
Could you thin it out a bit?

Könnten Sie es etwas ausdünnen.
쾐탠 지- 애스 애트바스 아우스뒨낸

아주 짧아 주십시오.
I'd like it a lot shorter.

Ich hätte es gerne sehr viel kürzer.
이히 해태 애스 개르내 제-어 피-ㄹ 퀴르쩌

여기까지 깎아 주세요.
Up to about here.

Ungefähr bis hier.
운개패어 빗스 히-어

귀 위 부분까지요.
Just over the ears.

Knapp über den Ohren.
크납 위-버 댄 오-랜

앞머리를 조금 잘라 주세요.
Trim the fringe a little.

Schneiden Sie ein bisschen vom Pony ab.
슈나이댄 지- 아인 빗스햔 폰 포-니 압

뒷머리는 약간 길게 해주세요.
I'd like my hair a little longer in the back.

Hinten etwas länger.
힌탠 애트바스 랭어

면도 해주십시오.
Give me a shave, please.

Bitte, rasieren!
비태 라지어랜

파마 좀 해주세요.
Can you give me a perm?

Können Sie mir eine Dauerwelle machen?
쾐낸 지- 미-어 아이내 다우어밸래 막헌

약하게 파마 해주세요.
I'd like a soft permanent.

Eine leichte Dauerwelle, bitte!
아이내 라이히태 다우어밸래 비태

머리 좀 염색하고 싶어요. I want to have my hair dyed.	Ich möchte meine Haare färben lassen. 이히 뫼히태　마이내　하-래 패르밴　라쎈
샴푸를 한 다음 세트 좀 해주세요. A shampoo and set please.	Waschen und legen, bitte. 밧섄　운트　레-갠 비태
머리를 탈색해 주십시오. Can you bleach my hair?	Ich möchte mir gern die Haare bleichen lassen. 이히 뫼히태　미-어 개른　디- 하-래　블라잇흔　라쎈
드라이 해드릴까요? A blow dry?	Föhnen? 푀-낸
왼쪽으로 가르마를 타 주세요. Please part it left.	Den Scheitel trage ich links. 덴　샤이탤　트라-개 이히 링크스
가운데 가르마를 타 주세요. Please part it in the middle.	Ich möchte den Scheitel in der Mitte. 이히 뫼히태　덴　샤이탤 인 데어 미태

이발소 · 미용실

MEMO

문예림 도서목록

NO	도 서 명	지은이
1	4주완성 독학 영어 첫걸음	박명석
2	4주완성 독학 일본어 첫걸음	외국어학보급회
3	4주완성 독학 중국어 첫걸음	지영재
4	4주완성 독학 프랑스어 첫걸음	조규철
5	4주완성 독학 스페인어 첫걸음	장선영
6	4주완성 독학 러시아어 첫걸음	박문식,최덕근
7	지구촌 영어 첫걸음	박명석
8	지구촌 독일어 첫걸음	김광요
9	지구촌 이태리어 첫걸음	허인
10	한국인을 위한 러시아어 첫걸음	강홍주
11	영어회화 고민 이제 끝냅시다! (1)	외국어학보급회
12	영어회화 고민 이제 끝냅시다! (2)	외국어학보급회
13	아낌없이 주는 영어	김용권
14	비즈니스 영어	김광훈
15	입에 술술 붙는 영단어	외국어학보급회
16	헷갈리는 영어 잡아먹기	류진식
17	톡톡튀는 신세대 영어 표현	문창호
18	패턴의 원리를 알면 영어가 보인다	Mark Wenzel
19	이것이 토종 미국영어다	이은경
20	미국영어가 보인다	사비나헤니
21	실용해외 여행 영어 회화	외국어학보급회
22	간편한 여행 영어 회화	외국어학보급회
23	여행자를 위한 지구촌 영어 회화	외국어학보급회
24	실용 일본어 회화	외국어학보급회
25	실용 중국어 회화	지영재
26	실용 독일어 회화	김광요
27	실용 서반어 회화	장선영
28	실용 아랍어 회화	오명근
29	여행필수 프랑스어 회화	이휘영
30	여행필수 독일어 회화	서석연
31	여행필수 이탈리아어 회화	허인
32	여행필수 러시아어 회화	박문신,최덕근
33	여행필수 베트남어 회화	김기태
34	여행필수 태국어 회화	이한우
35	여행필수 말레이 · 인도네시아어 회화	김영수
36	여행필수 중국어 회화	김신홍

문예림 도서목록

NO	도 서 명	지은이
37	여행필수 포루투갈어 회화	외국어학보급회
38	여행필수 네덜란드어 회화	김영중
39	여행필수 터키어 회화	김대성
40	6개국어 회화	외국어학보급회
41	4개국어 회화	외국어학보급회
42	배낭 일본어	서우석
43	배낭 유럽어	서우석
44	배낭 독일어	서우석
45	1000만인 관광 영어 회화	이정현
46	1000만인 관광 일본어 회화	이윤근
47	영문 편지 쓰는 법	이정현
48	프랑스어 편지 쓰기	조향덕
49	독일어 편지 쓰기	서석연
50	영어대조 중국어 회화	노동선
51	영어대조 프랑스어 회화	이휘영
52	영어대조 독일어 회화	김광요
53	영어대조 스페인어 회화	장선영
54	영어대조 러시아어 회화	박문신,최덕근
55	영어대조 태국어 회화	이한우
56	영어대조 이탈리아어 회화	허인
57	일본어 단어장	외국어학보급회
58	독일어 무역 통신문	박진권
59	PNdS 독해평가	서우석
60	PNdS 청취평가 구두시험	서우석
61	PNdS 핵심 독문법	서우석
62	최신 독일어	안사균
63	독일어 문법과 연습	김경찬, 서우석
64	노래로 배우는 독일어	정경량
65	활용독일어 I	이완호외 5인공저
66	쉽게배우는 브라질어	이승덕
67	기초 네덜란드어	김영중
68	표준 러시아어	이철
69	표준 러시아어 회화	강홍주
70	노브이 러시아어	김윤덕
71	영어도 함께 공부하는 최신 러시아어 문법	박진근
72	최신 중국어법 노트	김태성

문예림 도서목록

NO	도서명	지은이
73	Speaking Korean (46판)	외국어학보급회
74	Speaking Korean (포켓판)	외국어학보급회
75	스페인을 위한 한국어 회화	방준아
76	러시아인을 위한 한국어 회화	이윤근
77	프랑스인을 위한 한국어 회화	윤석만
78	독일인을 위한 한국어 회화	박진근
79	한국어 4주간	외국어학보급회
80	실용 한국어 회화	외국어학보급회
81	활용 한국어 회화	외국어학보급회
82	편리한 회화 수첩	외국어학보급회
83	계몽사조에서 마르크스 주의까지	장실
84	러시아어 펜맨십 강좌	외국어학보급회
85	한러 사전	최승
86	러한사전	최승
87	한러 러한 합본 사전	최승
88	학습 노한 사전	마주르
89	노노대사전	오제코프
90	약어로 익히는 러시아어 사전	파그라쟌쯔
91	한이 사전	강민정
92	독한 입문 사전	서석연
93	한자 요결 사전	안승제
94	실용 중국어 사전	차경섭
95	영어회화 고민 이제 끝냅시다! (1) 테이프-3개	외국어학보급회
96	영어회화 고민 이제 끝냅시다! (2) 테이프-2개	외국어학보급회
97	한국인을 위한 러시아어 첫걸음 테이프-3개	강홍주
98	러시아인을 위한 한국어 테이프-2개	이윤근
99	영어대조 프랑스어 회화 테이프-3개	이휘영
100	영어대조 독일어 회화 테이프-3개	김광요
101	영어대조 태국어 회화 테이프-2개	이한우
102	여행필수 베트남어 회화 테이프-3개	김기태
103	여행필수 인도네시아어 회화 테이프-2개	김영수
104	여행필수 태국어 회화 테이프-3개	이한우
105	중국 그리고 실크로드	강현철
106	러시아를 알려면 지리노프스끼를 보라	김명호
107	블라지미르 지리노프스끼 그는 누군인가?	김명호